本书编委会名单

主　编：李晓桃

编　委（按课程先后顺序）：

李明珺	莫文天	万文松	甘平平	黄燕如
吴生健	余　婕	覃信庆	邓仁昌	刘　虹
叶杏花	沈迪娟	姚举旗	宋巧萍	韦妮娜
黄莹莹	陈俞求	杨伟倩	吴术芳	冯丽妤
韩天月	陈杨柳	覃　艳	赵茂燕	李　藤
高士帅	吉芳逸			

细说社会主义核心价值观

少先队版

广东省李晓桃少先队名师工作室

李晓桃 主编

人民出版社

目　录

我们都是追梦人

如何在少年儿童中培育和践行社会主义核心价值观，帮助孩子扣好人生第一粒扣子？这是落实立德树人根本任务的一个重大课题。《细说社会主义核心价值观（少先队版）》的出版，是广东省李晓桃少先队名师工作室成员共同参与的一项课程开发成果。我们都是情系教育事业、心系少先队工作的追梦人，这本书的编写初衷和过程，就是我们为追梦凝聚智慧的真诚付出。

一次动员，吹响课程开发号角

"课改要贴近生活、贴近实际、贴近学生，为少年儿童服务，帮助他们扣好人生第一粒扣子。"

2020年6月的一天，龙华区委教育工委书记、区教育局局长王玉玺在一次关于课程开发动员会上号召高层次人才积极投入到课程开发当中来，发挥先行示范的带头作用。会议结束后，我陷入了沉思：作为龙华"本土"培养起来的第一批教育类高层次人才，该为我区教育部基础教育课程改革实验区做点什么呢？

当务之急应该开发什么课程？这个问题一直萦绕在我心头。"培养什么人？怎样培养人？为谁培养人？"这是新时代教育的根本问题，亦是习近平总书记在 2018 年全国教育大会上特别强调的问题。习近平总书记多次强调要加强社会主义核心价值观教育："学校要把德育放在更加重要的位置"，"培育和践行社会主义核心价值观要在落细落小落实上下功夫，特别是要抓好青少年等重点人群"，"让社会主义核心价值观的种子在学生们心中生根发芽。"

我梳理之前做过的工作，倾听工作室成员的建议，最后决定围绕社会主义核心价值观来开发课程，重点解决"知与行"中"最后一公里"的问题。2020 年 7 月至 8 月的整个暑假，我带着当时市级工作室的辅导员们一起投入到课程开发当中来，带头做起了第一课《友善——从真诚微笑做起》的课程。终于赶在 2020 年秋季开学前开发出了《社会主义核心价值观十二讲》，这也是《细说社会主义核心价值观（少先队版）》的 1.0 版本。

争分夺秒，青春因奋斗更美丽

"幸福源于真心实意、一心一意、全心全意地付出才会有好故事、真感动和真幸福。凡事全力以赴，身心合一投入到每一件事，把眼前事、当前事做好，不将就、不苟且，就会体验到福流和幸福。"

2021 年 1 月 26 日，本人组织省少先队名师工作室的成员与腾讯团队召开了"龙华云校"线上课程研讨会，至此，工作室依托龙华区对口帮扶"一区四县积极教育联盟",开始了 2021 年寒假"速度 +"的课程开发。

《细说社会主义核心价值观（少先队版）》拓基课程，以社会主义核心价值观的 12 个词 24 个字为主题，分别以一个关键词为引领，从两个小的切入口"从某某做起"来设计，共计 24 课，工作室里的 27 位成员每人或两人分领一课任务。

面对挑战大、时间紧的课程开发任务，本人首先示范，不仅自己认领了第二十三课《友善——从真诚微笑做起》的开发任务，还要统筹整个团队的进程、指导、沟通、协调。为了赶在新学期开学前完成初稿，从 1 月 26 日到 2 月 19 日整个寒假，工作室成员除了正月初一至初四外，几乎天天沉浸在课程开发和讨论之中。直到开学前，24 课的设计文稿、课件、样例初稿及开发指南全部初稿终于完成。这就是《细说社会主义核心价值观（少先队版）》的 2.0 版本。在与每个工作室学员的对话记录里，从清晨至深夜，都留下了团队成员的交流和思考。

新学期来临后，我们更是与时间赛跑，争分夺秒地挤时间来完善优化课程设计，因此下班忙完学校工作后，挤时间在群里梳理课程开发的建议及部署阶段性任务，并与工作室成员创造性地提出了"三步三化"课程模型。

精益求精，打造课改共同体

"以敬畏之心开发课程，以工匠精神完善课程。"

4 月 7 日下午，区教科院再次组织课程研讨会，会上林君芬博士提出了龙华云校线上课程"流程极简、页面极简、语言极简"的"三简原则"，并针对线上课程提出了改进建议。会议结束后，针对近期工作，围绕课程"三简原则"，对课程样例、录音录频等工作马上做出优化调整。工作室成员立即响应号召，投入到课程优化完善之中。

《细说社会主义核心价值观（少先队版）》课程的开发经历了不断学习、优化、迭代的过程，每次的优化、迭代都是对前一稿的优化或否定，都有破茧成蝶的蜕变。我与工作室成员组成了学习共同体，成长共同体，一起经历，共同奋斗，课程力争体现少先队员的主体性、儿童性和激励性，体现"云校"网课的趣味性、互动性和生活性。

工作室吸引了深圳市龙华区对口帮扶"积极教育联盟"（一区四县：深圳市龙华区、广东紫金县、西藏察隅县、广西凤山县、广西东兰县）的50位优秀教师。我们致力建设一个课改共同体，发挥课程开发先锋队作用。例如，万文松、高士帅老师参与了课程开发指南和课程样例的撰写；吉芳逸、冯丽好老师参与了课程设计文稿、课件和上线课例模板的优化；李明珺老师带领少先队员设计了充满童趣童真的24课小奖章和96张字卡；韩天月老师组织学校优秀小主播为课中的卡通人物"慧行"录制音频或录屏；姚举旗、陈俞求、宋巧萍老师组成宣传先锋队在公众号上为大家摇旗呐喊，其他成员积极收集各类课程资源，提供信息支持。为了给少年儿童提供高质量的精品课程，大家心往一处想，力往一处使，白天上班工作，晚上、周末及节假日挤时间课程开发，不断优化课程设计，锤炼教学语言，丰富互动形式，课堂实践检验，课程设计日趋完善，学员们也在课程开发中收获着、成长着。

晓然已至道，桃李更芬芳。从 2020 年 6 月盛夏至今，在《细说社会主义核心价值观（少先队版）》课程的开发中，我带领着工作室成员"行以求知知更行"，构筑学研、教研、陶研、队研四位一体的学习共同体、成长共同体、研究共同体和生命共同体，引领成员们想干、敢干、快干、智慧地干，课程引领，积极育人。"希望我们的学习，变成我们的研究，最终落实到我们的行动，为孩子的终生发展和幸福奠基，我们做好引导员、辅导员和'福到员'。"我这样跟工作室伙伴们说。

征途漫漫，惟有奋斗。我将带领全体工作室成员不忘初心，牢记使命，为党育人，为国育才！让青春在奉献中焕发绚丽光彩。让我们一起在追梦路上砥砺前行、奋斗不息，以深圳市龙华区的"奋斗精神"和"积极教育"的理念和行动向党的百年华诞献礼！

李晓桃

2021 年 5 月 4 日

第一课　富　强

从锻炼身体做起

亲爱的少先队员们，大家好！我是你们的好朋友"慧行"，欢迎你们走进第一课，我们一起来聊聊"富强"。

什么是富强呢？我们一起到字源中去找答案吧！在《说文解字》中："富，备也。一曰厚也。"对"富强"的追求，是中华民族千百年来的美好愿望，也是我们国家繁荣昌盛、人民幸福安康的物质基础。同学们，我们非常幸运，赶上了好时代，感受着日新月异的发展，但我们也要知道，祖国的今天来之不易，也曾有过被外国列强侵略、践踏的屈辱历史，是无数的仁人志士为了祖国的富强而努力拼搏才有了现在强大的新中国。

我们将从"红领巾讲故事""红领巾有话说""红领巾在行动"三个环节来聊聊"富强"的话题。

当你完成每个环节的学习任务并且获得"锻""炼""身""体"四张字卡时，还能获得本课的红领巾小奖章"运动章"呢！你每获得一枚章都会在"红领巾心向党"的拼图（见正文最后一页）中涂上相应的颜色，当你集齐了24枚章，既能获得社会主义核心价值观"红星章"，又能完成"红领巾心向党"的涂色拼图（一名少先队员在红旗下行队礼的阳光形象）呢！

第一板块：红领巾讲故事

从"东亚病夫"走向体育强国

自鸦片战争以来，由于西方列强侵略，中国逐渐沦为半殖民地半封建社会。当时的中国不但经济落后，不重视体育运动，而且外国人向我国大量出售毒品鸦片，毒害中国人的身体，导致国民体质日益衰弱。

也许有少先队员听过"东亚病夫"这个词，这是外国人对中华民族的蔑称。在1936年的第十一届奥运会上，中华民国代表团派出69名运动员，只有一位运动员进入了复赛。所以，当时就有一家新加坡的报刊发表了一幅外国人讽刺、嘲笑中国人的漫画：在奥运五环旗下，一群头蓄长辫、身着长袍马褂、骨瘦如柴的中国人，用担架扛着一个大鸭蛋，题为"东亚病夫"。

新中国成立后，为了提高国民身体素质，我们国家非常重视体育事业，积极地在全国各地开展各种体育活动。由于体育运动的不断普及，人民的体质不断增强，我国竞技体育项目的成绩也不断提高。在世界体育大赛中，中国体育运动员不断刷新世界纪录。不仅单项比赛屡夺世界冠军，而且有些团体项目也处于世界领先地位，像中国的羽毛球、乒乓球、跳水、女排等项目，享誉世界。亲爱的少先队员们，你们是不是常常在电视里看到众多体育赛事的领奖台上五星红旗冉冉升起，听到嘹亮的国歌响起？一代代中国人通过努力打碎了"东亚病夫"的牌子，让中国成为今天的体育强国，顽强拼搏的体育精神也成为中国人民的精神财富。

少先队员活动：我做小判官

好学的少先队员们，听完故事，请用你的火眼金睛来判断对错吧。

1. 我们中国人在过去被外国称为"东亚病夫"，被外国欺凌，是因为我们国家很落后，落后就要挨打。（　）

2. 国家富强的意思就是每个人都很富有。（　）

3. 体育强国是国家富强的一种表现。（　）

第二板块：红领巾有话说

是不是有些少先队员认为国家富强的意思就是一个国家的人

民生活很富裕？其实，富强跟富裕还是有很大的区别，一个富裕的国家并不代表它就是富强的国家。富强意味着一个国家不仅很富裕，而且综合国力强大。体育强大就是综合国力强大的一种表现，它意味着这个国家的人民身体健康，有积极向上的精神面貌和坚持不懈的意志品质，体育的强大也会有助于一个国家赢得良好的国际形象。

当然，国家富强也不仅仅等同于体育强大。国家富强还要求一个国家在经济、政治、军事、文化、科技、教育等方面都有强大的实力。少先队员们，这也是为什么富强是社会主义核心价值观在国家层面当中的第一个词的原因。因为国家富强意味着我们国家在各个方面都很强大、优秀，意味着每个中国人都能安居乐业，过上更幸福的生活。

现在请少先队员们想一想，国家如何实现富强呢？

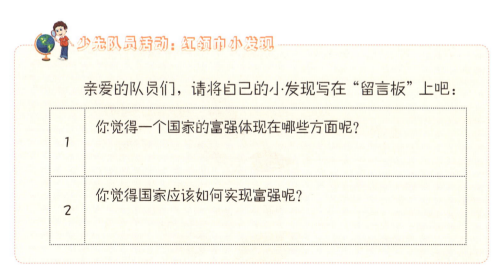

少先队员活动：红领巾小发现

亲爱的队员们，请将自己的小·发现写在"留言板"上吧：

| 1 | 你觉得一个国家的富强体现在哪些方面呢？ |
| 2 | 你觉得国家应该如何实现富强呢？ |

亲爱的少先队员们，你们有没有听过这样一句话：健康就是最大的财富。想要事业有成，为国家奉献自己的力量，首先要有

一个健康的身体。毛泽东爷爷曾经说过，"身体是革命的本钱"。有健康的体魄才能支撑着我们去努力，去奋斗。

你们有没有发现我们身边有很多人经常生病？有没有发现"小眼镜""小胖墩"越来越多了呢？这是因为很多同学和家长总觉得学习好才是最重要的，平时不重视身体锻炼，导致身体素质越来越差，经常生病，小小年纪就戴上了眼镜。还有些同学不注意运动，导致身体越来越肥胖。毛泽东爷爷曾说，我们要"野蛮其体魄，文明其精神"。有同学是不是想：毛爷爷是不是让我们变成原始社会的野蛮人啊？其实这句话的意思是应该让人们的身体变得更加强壮、健康，精神变得更加文明，才能够去创造和改变世界，可如何"野蛮"我们的体魄呢？

少先队员活动：红领巾小妙招

亲爱的少先队员们，怎样才能做到毛爷爷说的"野蛮其体魄"呢？从"妙招树"上选取小妙招写在锦囊袋里吧。

上好体育课　　每天运动一小时　　组个运动小队　　学会一项运动技能　　培养顽强意志　　培养运动兴趣　　？

锻炼身体小妙招	
妙招范围（打"√"）	我的妙招内容
上好体育课　　　　（　）	
学会一项运动技能　（　）	
培养运动兴趣　　　（　）	
每天运动一小时　　（　）	
组个运动小队　　　（　）	
培养顽强意志　　　（　）	
其他　　　　　　　（　）	

少先队员活动：红领巾爱思考

队员们，让我们回顾一下如何锻炼好身体吧！请选择你认为正确的选项。（　）

A. 热爱体育运动，科学锻炼。

B. 在运动的过程中，要做好充足的准备。

C. 选择合适的运动方式，注意安全。

D. 运动中要注意劳逸结合，循序渐进。

E. 不惧困难，克服懒惰，坚持运动。

第三板块：红领巾在行动

亲爱的少先队员们，让我们践行社会主义核心价值观，从自己做起，为祖国的繁荣富强奉献自己的一份力量。从今天起，请你坚持锻炼身体，增强体质，磨炼意志。

"今天你运动了吗?"请你选择一种自己喜欢的运动方式并坚持每天运动一小时，感受运动的魅力，强健体魄。

你也可以选择一种合适的运动项目，比如，打篮球、跑步或者跳绳等，跟身边的家人或者朋友、同学组织一场运动比赛，或者可以设计一块奖牌，把它送给比赛的优胜者，就像奥运冠军那样佩戴在脖子上，做一个锻炼身体的小先锋。

让我们一起走出家门，拥抱阳光，在运动中领略体育的魅力，锻炼出强健的体魄吧！

 少先队员活动：红领巾小先锋

你可以参加运动打卡活动，可以组织一场运动比赛，也可以设计一块运动奖牌，可上传照片或视频，在中队群里分享。

晒晒我的运动圈	
集赞作品（打"✓"）	照片（　）音频（　）视频（　）
集赞类别（打"✓"）	每天运动一小时打卡　（　） 组织一场运动比赛　　（　） 设计一块运动奖牌　　（　）

恭喜你完成第一课学习任务，获得了"锻""炼""身""体"四张字卡，还获得了红领巾小奖章"运动章"！继续加油，完成下一课的学习吧！

践行社会主义核心价值观，

从"我"做起，从"小"做起，

让我们从小学先锋，长大做先锋，一起行动起来吧！

"富强——从锻炼身体做起"，这一课我们就聊到这，

亲爱的少先队员们，再见！

 第二课　富　强

从热爱科学做起

亲爱的少先队员们，大家好，我们又见面啦！我是你们的好朋友"慧行"！上一讲我们学习了第一课《富强——从锻炼身体做起》，知道了汉字字源中"富"和"强"的含义，知道了富强就是国富民强的意思，学到了让富强之花绽放需要每位少先队员从锻炼身体做起的道理和养成强健体魄的习惯，真了不起。那么，还需要我们具备什么本领呢？是的，还需要热爱科学、增强科学的本领。今天，我们就从热爱科学这一方面来继续聊聊"富强"吧！

当你在完成每个环节的学习任务并且获得"热""爱""科""学"四张字卡时，还能获得本课的红领巾小奖章"富强章"呢！

 第一板块：红领巾讲故事

科学家袁隆平爷爷的富民强国梦

在新中国成立 70 周年前夕，党和国家授予袁隆平"共和国勋章"，中共中央总书记、国家主席、中央军委主席习近平亲自给他颁奖。2021 年 5 月 22 日，袁隆平爷爷逝世，23 日下午，湖南省委书记许达哲专程看望了袁隆平爷爷的家属，转达习近平总书记对袁隆平爷爷的深切悼念和对其家属的亲切问候。

袁隆平爷爷是谁呢？他有哪些精彩故事呢？

袁隆平爷爷是我国杂交水稻的开创者，被誉为"杂交水稻之父"。他一辈子躬耕田野，大半辈子都与水稻打交道，一直为了让中国人吃饱饭而奋斗着。

曾经，有美国学者质疑："21 世纪，谁来养活中国人？" 20

世纪五六十年代，亲历过饥饿的袁隆平爷爷决心向"饥饿恶魔"挑战，通过学农解决粮食增产难题。

当时的高产水稻亩产不过五六百斤，他无惧"这是对遗传学无知"的嘲笑，于1964年开始研究杂交水稻，耗时9年发明了杂交水稻"三系配套法"，1997年开展超级杂交稻研究，90岁高龄的他每天起床第一件事就是到试验田"打卡"。科学探索无止境，20多年来，他带领科研团队接连攻破水稻超高产育种难题，一次次刷新世界纪录，超级稻亩产700公斤、800公斤、900公斤、1000公斤和1100公斤的五期目标相继完成，2020年又实现了周年双季稻田亩产1500公斤的攻关目标。

"禾下乘凉梦"是袁隆平爷爷的两个梦想之一，他梦见水稻长得有高粱那么高，穗子像扫把那么长，颗粒像花生那么大，而自己则和助手坐在稻穗下面乘凉。"禾下乘凉梦"的实质，就是水稻高产梦，让人们永远都不用再饿肚子。截至2019年，杂交水稻在国内推广15亿亩，累计增产1.4亿吨。袁隆平爷爷的另一个梦想就是"杂交稻覆盖全球"。

袁隆平爷爷1981年获得国家发明特等奖，2001年获得首届国家最高科学技术奖，2014年获得国家科学技术进步特等奖，2018年获"改革先锋"称号，2019年被授予"共和国勋章"。此外，他还获得了联合国教科文组织"科学奖"等二十余项国内国际大奖。

少先队员活动：我做小判官

好学的少先队员们，听完《科学家袁隆平爷爷的富民强国梦》的故事，请用你的火眼金睛来判断对错吧！

1. 在新中国成立 70 周年前夕，习近平总书记亲自为袁隆平颁的奖项是"人民英雄"国家荣誉称号。 （ ）

2. 袁隆平爷爷有两个梦想，分别是"禾下乘凉""杂交水稻覆盖全球"。 （ ）

3. 杂交水稻在我国已累计推广超 15 亿亩，增产稻谷 1.4 亿吨，确保中国人的饭碗牢牢端在自己手中。 （ ）

4. 袁隆平团队实现了周年双季稻田产 1500 公斤的目标。 （ ）

少先队员活动：红领巾小发现

亲爱的少先队员，请将"袁隆平爷爷，我想对您说"写在"留言板"上吧，"慧行"正等着欣赏你的"慧眼"小发现呢！

序号	我想对袁隆平爷爷说的话
	袁隆平爷爷，我想对您说
1	我们 14 亿中国人的饭碗能牢牢端在自己手中，有您巨大的功劳，因为您 _____
2	您一生都在研究杂交水稻，90 岁高龄时仍然每天去试验田"打卡"，您让我认识到热爱科学就要 _____

第二板块：红领巾有话说

亲爱的少先队员们，习近平爷爷曾说："好奇心是人的天性，对科学兴趣的引导和培养要从娃娃抓起……"

是啊，热爱科学就是从身边的现象和熟悉的日常生活出发，从好奇心开始，从探索发现开始，从行动开始。

少先队员活动：红领巾小妙招

怎样才能做到热爱科学呢？请你与小队里面的队员开展一个"热爱科学小妙招"的研究，也可以从"妙招树"上选取小妙招写在锦囊袋上。

上好科学课　　　　　　　动手探究
　　　　　　　　　　　　培养兴趣
阅读科普书　　　　　　　勤奋专一
观察质疑　　　　　　　　？

热爱科学小妙招	
妙招范围（打"✓"）	我的妙招内容
上好科学课 （ ）	
阅读科普书 （ ）	
观察质疑 （ ）	
动手探究 （ ）	
培养兴趣 （ ）	
勤奋专一 （ ）	
其他 （ ）	

第三板块：红领巾在行动

　　亲爱的少先队员们，在这个科技日益进步的时代，热爱科学的你更是个行动派，你或许喜欢画科幻画、读科普书，或许喜欢观察动植物、观察自然现象，或许喜欢手工制作、发明创造当"创客"，喜欢关注"嫦娥四号"和尖端武器……

　　快来晒晒自己热爱科学的活动和本领吧！你可以从"我的行动圈"中挑一两项自己的行动来画一画、说一说、拍一拍。

少先队员活动：红领巾小先锋

你可以参加发明创造活动，可以组织一场发明创造比赛，也可以设计一块发明创造奖牌，可上传照片或视频到中队群内分享。

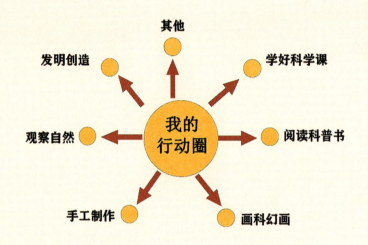

晒晒我的行动圈	
范围	探究过程或探究成果
集赞作品(打"√")	照片（　）音频（　）视频（　）
集赞类别(打"√")	学好科学课（　）　　　画科幻画（　） 阅读科普书（　）　　　手工制作（　） 科学资讯　（　）　　　发明创造（　） 观察自然　（　）　　　其他　　（　）

是啊，热爱科学就要去行动，要去观察、学习、提问、探究、试验、分析等，要坚持不懈，就算是失败也乐此不疲！

恭喜你完成第二课学习任务，获得了"热""爱""科""学"四张字卡，还获得了红领巾小奖章"富强章"！继续加油，完成下一课的学习吧！

践行社会主义核心价值观，

从"我"做起，从"小"做起。

让我们从小学先锋，长大做先锋，一起行动起来吧！

"富强——从热爱科学做起"，这一课我们就聊到这，

亲爱的少先队员们，再见！

第三课 民 主

从积极参与做起

亲爱的少先队员们，大家好，我们又见面啦！我是你们的好朋友"慧行"！欢迎学习第三课《民主——从积极参与做起》，我们一起来聊一聊"民主"。

什么是民主呢？让我们先到《说文解字》中去找找答案吧！"民"的本意是指"奴隶"，后来指"百姓"；"主"本意为"灯芯"，指领袖人物，后来引申为"君主""主人""主持"等义。"民主"在咱们中国文化中，首先有"以民为主"的含义，也是一种社会状态，指人民有参与国事或对国事有自由发表意见的权利。今天，我们就从"积极参与"来聊聊"民主"吧！

我们将从"红领巾讲故事""红领巾有话说""红领巾在行动"三个环节来聊聊"积极参与"。当你完成每个环节的学习任务并且获得"积""极""参""与"四张字卡时，就能获得本课的红领巾小奖章"积极章"呢！

第一板块：红领巾讲故事

我是中队"小主人"

大家好！我叫小航，是一名二年级的少先队员。在老师的教育关怀下，在爸爸妈妈的呵护熏陶下，我的"德智体美劳"全面发展，连续两年被评为学校的"全面发展之星"。

学习上，我各科成绩非常优秀。我不仅自己学得好，还经常帮助和服务其他人：队员们有困难，我会主动帮助他们；我还热心参与我们中队集体活动，每天负责检查队员们到校、完成作业、佩戴红领巾、遵守纪律等状况，总是做得有条不紊。

出黑板报是我们中队工作中最复杂的活，既要绘画，又要书写。但是，我很喜欢，因为我觉得可以为中队出力，所以每次要出黑板报，我都会主动请缨，经过辅导员的允许后，自发组织其他队员，进行合理分工，分别找资料、设计排版、画画、剪贴等，在大家团结协作下，我们每次都又快又好地把任务完成了。

除了我，我们中队的其他队员，也都是这样做的。因为我们中队实行的是队员自主管理制。每天各个岗位，都有队员负责，他们认真履行自己的职责：早上一到教室，课代表就带领队员们进行早读，而卫生管理员则督促大家做好教室内外的清洁工作；课间管理员在下课时会巡视教室，不时提醒队员们要遵守课间纪律……现在教室的每一扇窗、每一扇门、每一样物品、每一件工作都有专门的负责人呢！

辅导员告诉我们：我们中队就是一个家，其中每个队员都是这个"家"里的一员，是这里的"小主人"，维护好中队的干净、整洁、有序和队员友爱，是我们每一个队员的责任哦！

少先队员活动：红领巾小发现

亲爱的少先队员们，听完这个故事，请你想一想，故事里的小航，除了做好自己的事，为什么还喜欢帮助他人，积极为中队出力呢？请你选一选。（ ）

A. 因为他爱管闲事。

B. 因为他想表现自己。

C. 因为他觉得自己是中队的"小主人"，中队的事就是自己的事。

我们每个人都不可能孤零零地存在，我们生活在一个个集体之中，一个班级、一个学校、一个社区乃至一个民族、一个国家，而任何一个优秀的集体都是依靠每个人的努力才能达到。就像故事里的小航一样，只有个人将自己当作集体的主人，积极主动地参与到集体活动中，才能实现真正的民主，感受真正的幸福。

第二板块：红领巾有话说

亲爱的少先队员们，在生活中，你是不是见过这样的现象，在校园的走廊上看到一张废纸，许多人来来往往却视而不见，此时，你的心情如何呢？一定会非常失望吧！而假如看到大家都主动去把废纸捡起来，丢到垃圾桶，你的心情又是如何呢？会不会觉得特别温暖呢？其实，把校园当成自己的家，把集体的事当作自己的事，这也是民主的一种体现。

 少先队员活动：红领巾小妙招

现在，你是不是觉得，民主其实离我们并不遥远呀？是的，多关心集体，参与集体活动，你就能做到真正的民主啦！那么，在日常生活中，我们该如何关心集体，积极参与集体活动呢？请你给大家支支招，完成下面的思维导图，你也可以和其他小伙伴一起，合作完成，可以写一写，还可以画一画哦，完成后拍照上传到中队群里分享。

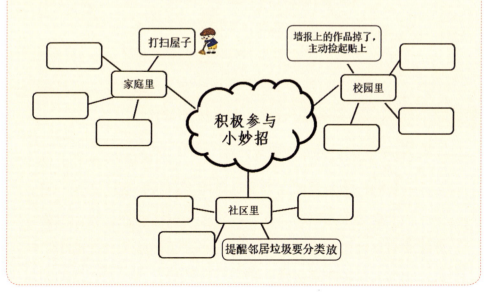

亲爱的少先队员们，你们做的思维导图可真棒！你们给大家展示了许多积极参与的小妙招呢，下面我们一起来梳理和小结一下吧。

妙招 1：自己的事情自觉做。学做集体的主人翁，首先要先学会自觉做好自己分内的事情，不影响集体。例如，保持自己的桌面、衣服干净、整洁；课前准备好文具，安静等待；上课认真听讲，遵守纪律和规则，尽量不影响也不打扰他人；课后自觉完成作业，不拖欠，不马虎；上学放学走路队，做到快静齐！

妙招 2：学校的事情主动做。爱护公物和公共卫生；认真做好值日生工作；积极参与班级管理，关心班集体，争做班级的小主人翁；校园内遇到不文明的行为，敢于制止；提出合理的建议，让校园变得更好……下面这首儿歌，它告诉了我们具体该怎么做，一起来读一读吧：

我是校园小主人，主动整理课桌椅。

我是校园小主人，废物杂物不乱丢。

我是校园小主人，爱护公物和环境。

我是校园小主人，遇到困难齐努力。

我是校园小主人，帮助同学常记心。

妙招 3：社区的事情热心做。一个社区就是一个小社会，是我们日常生活的主要活动范围。维护社区的安全、卫生、和谐是每个居民的责任。作为社区的小居民，我们也有责任参与到社区活动中，争当社区小义工，学做社区的小主人。例如，爱护花草树木，指导居民垃圾分类，热心帮助邻居，关心和关爱老人，参与社区的志愿服务等。

第三板块：红领巾在行动

　　亲爱的少先队员们，让我们传承好中华优秀文化，践行好社会主义核心价值观，一起来实践。我们的班级、我们的校园、我们的社会，会因每个人的积极参与而变得越来越美好。从今天起，请你常常问自己："今天我是一个积极参与的民主践行者吗？"根据大家提出的积极参与"小妙招"，结合自己的校园和社区生活，完成每周的积极参与活动体验吧！另外，也请你拿起相机拍一拍你身边积极参与集体活动和社会公共事务的人，寻找身边积极的"民主践行者"，并简要介绍照片背后的故事吧！

"细说社会主义核心价值观"
每周积极参与活动体验
中队（　　　）　　　姓名（　　　）

民主，从积极参与做起	自己的事情 自觉做			学校的事情 主动做			社区的事情 热心做		
	😊 每天	😐 有时	☹ 很少	😊 每天	😐 有时	☹ 很少	😊 每天	😐 有时	☹ 很少
周一									
周二									
周三									

续表

民主，从积极参与做起	自己的事情自觉做			学校的事情主动做			社区的事情热心做		
	😊 每天	😐 有时	🙁 很少	😊 每天	😐 有时	🙁 很少	😊 每天	😐 有时	🙁 很少
周四									
周五									
周六									
周日									

整体评价：参与之星（　）

加油努力（　）

说明：从你坚持的第一天算起，七天后邀请爸爸、妈妈或者老师、同学与你对照表格逐项打"√"。如果每天或经常参与，恭喜你获得"参与之星"；如果有时参与或很少参与，那么你就得加油努力哦！

😉 坚持每日参与哟！ 😊

恭喜你完成第三课学习任务，获得了"积""极""参""与"四张字卡，还获得了红领巾奖章"积极章"，继续加油，完成下一课的学习吧！

践行社会主义核心价值观，

从"我"做起，从"小"做起。

让我们从小学先锋，长大做先锋！

"民主——从积极参与做起"，这一课我们就聊到这，

亲爱的少先队员们，再见！

第四课 民 主

从倾听意见做起

亲爱的少先队员们，大家好，我们又见面啦！我是大家的好朋友"慧行"！欢迎你们学习第四课，上一节课我们学习了《民主——从积极参与做起》，学习了让民主之花绽放要从积极参与，从自己、学校和社区的事做起。今天，让我们一起学习第四课《民主——从倾听意见做起》，民主是人类社会的美好诉求，是创造人民美好幸福生活的政治保障。那怎么在倾听意见之中体现出民主呢？先让我们来听一个故事吧——学做先锋，从倾听开始！

当你完成每个环节的学习任务并且获得"倾""听""意""见"四张字卡时，就能获得本课红领巾小奖章的"民主章"呢！

第一板块：红领巾讲故事

时刻倾听群众的"意见"和"呼声"

早在 1983 年 10 月，时任河北省正定县委书记的习近平爷爷在县城大街上临时摆桌子，听取群众意见。在习近平爷爷任职福州市委书记后，批阅的群众来信达千余件，对群众来信几乎每封必看，每看必批。习近平爷爷批示的有关重要问题均得到了妥善安排和解决。不管工作有多忙，他都忘不了倾听群众的"意见"和"呼声"。

"知屋漏者在宇下，知政失者在草野。"群众中有了"意见"和"呼声"，说明他们有了困难或者诉求，同时也说明了领导干部在工作方面还有做得不够的地方。认真倾听群众的"意见"和"呼声"，是领导干部了解社情民意最有效的途径。

习近平爷爷曾说："我们共产党的干部是来自人民，为了人民的，在信访中倾听人民的呼声，了解人民的愿望，汲取改进工作和作风的营养，'关心、济助'每一个需要关心济助的人，是我们的责任，也是我们的义务。信访工作的首义，在于时刻把自己看成人民中的一员，把心贴近人民。"

习近平爷爷时刻倾听群众的"意见"和"呼声"，把心贴近群众。将心比心，群众也给予他无限的支持与赞赏，把心交给他。

亲爱的少先队员们，听了以上故事，你有什么心得和感受呢？请写在下面的"留言板"上吧。

少先队员活动：红领巾小发现

　　这个故事告诉我们：倾听是一种平等而尊重的态度，是一种与人交往的智慧。少先队员们，请你们想一想，倾听意见有哪些重要作用呢？

我发现的"倾听意见"		
对于个人来说	倾听会让人	（　　）
对于家庭来说	倾听会让家庭	（　　）
对于社会来说	倾听会让社会	（　　）
对于国与国之间来说	倾听会让国家之间	（　　）

　　少先队员们，我们生活在不同的集体之中，一个中队、一个学校、一个社区乃至一个民族、一个国家，任何一个优秀的集体都需要互相倾听意见、协商解决问题。只有善于倾听、接纳他人的意见，积极主动地参与到集体活动中，才能实现真正的民主。

第二板块：红领巾有话说

　　亲爱的少先队员们，在校园生活中，"一封信""小作文""写邮件"，包括我们的红领巾小提案也是一种发表意见、倾听意见的"渠道"。那么，怎样参与到倾听意见的民主活动中呢？请与小队队员一起商量，写上自己的小发现放入锦囊袋吧！

少先队员活动：红领巾小妙招

及时回应
?
?
?

有倾听意见的氛围

有提意见的渠道

态度真诚友好

倾听意见小妙招	
妙招范围（打"√"）	我的妙招内容
良好的氛围 （ ）	
提意见的渠道 （ ）	
真诚友好的态度 （ ）	
及时真诚回复 （ ）	
其他 （ ）	

倾听意见小·贴士：

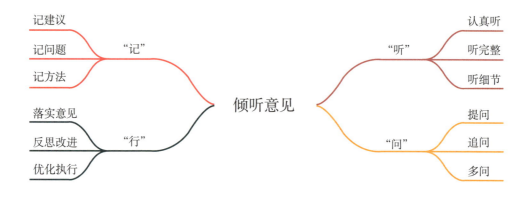

倾听意见是一种意识、习惯，也是一种素养，可以从"听进去""问到位""记下来""动起来"等方面去尝试。它需要我们在倾听意见的过程中一遍遍地实践、体验，最终将它转化为自己的一种生活态度、一种生活方式。

第三板块：红领巾在行动

亲爱的少先队员们，让我们传承好中华优秀文化，践行好社会主义核心价值观，一起来行动。我们的中队、我们的校园、我们的社会，因你的倾听、践行、改变而变得越来越美好。请你试一试，发表自己的意见，让别人能倾听到你的意见吧！

从今天起，请你常常问自己："今天我是一个积极参与的民主倾听者吗？"根据我们学到的倾听"小锦囊"，结合自己的校园和社区生活，完成每周的积极参与活动体验吧！另外，也请你拿起相机拍一拍你身边积极参与倾听活动的人，寻找身边积极的"最美倾听者"吧！最后，让我们一起来完成一个每周积极参与倾听意见的体验活动。

少先队员们，积极寻找身边积极的"最美倾听者"吧！让我们一起学先锋，做先锋。

 少先队员活动：红领巾小先锋

小·寻访，涨力量！亲爱的少先队员们，请你走一走，问一问，寻访"最美倾听者"，可以把自己倾听意见或队员倾听意见的情况写在记录卡上哦！

"小寻访"最美倾听者记录卡

队员姓名			所在中队	
陪同寻访人姓名			辅导员	
寻访活动日期		倾听对象		倾听地点
倾听的内容				
倾听后落实的行动	(内容包括：听一听他们在哪些方面存在需要帮助解决的困难；你是如何通过行动去解决的；你获得的启发。可以以对话的形式记录下来，别忘记附上倾听照片哦！)			

恭喜你完成第四课学习任务，获得了"倾""听""意""见"四张字卡，还获得了红领巾小奖章"民主章"！继续加油，完成下一课的学习吧！

践行社会主义核心价值观，

从"我"做起，从"小"做起，

让我们从小学先锋，长大做先锋！

"民主——从倾听意见做起"，这一课我们就聊到这，

亲爱的少先队员们，再见！

第五课 文 明

从学会感恩做起

亲爱的少先队员们，大家好，我是你们的好朋友"慧行"，我们又见面啦！欢迎你们学习第五课《文明——从学会感恩做起》。

什么是文明呢？快跟着我，一起去探索藏在文字里的秘密吧！在《说文解字》中，"文"本义是指"文身"，指在人的胸前或后背刺上花纹的样子。"明"字，拆分开是"日"和"月"，日和月是天空中最亮的星体，明字的本义就是日月交辉而大放光明。根据文字创造的来源，"文明"一词，我们可以简单理解为：良好的行为像是印刻在人身上的纹理，使每个人绽放光芒。

当你在完成每个环节学习任务并且获得"学""会""感""恩"四张字卡时，还能获得本课的红领巾小奖章"感恩章"呢！

第一板块：红领巾讲故事

"兵兵有礼"

　　我国古代著名思想家、政治家、教育家孔子曾说："非礼勿视，非礼勿听，非礼勿言，非礼勿动。"陕西文物复仿制品开发有限公司（简称陕文仿）根据孔子这 16 个字，结合秦兵马俑的基本形象，设计了一款憨态可掬的文创产品"兵兵有礼"。

　　这四个可爱的卡通人物向大家传递了对文明的理解，让我们一起跟着"兵兵四兄弟"走进文明吧！

　　"兵兵四兄弟"在同一所学校里学习。一天，像往常一样，四兄弟学习了一上午，伴随着"丁零零"清脆的铃声，到了午饭时间，大家乐坏了。老大小壮跑得最快，他跑出教室飞奔到餐桌前，看到餐桌上摆着香喷喷的五个大鸡腿，口水直流，冲过去一股脑儿全部夹进自己的碗里。这时，老师走了过来，轻轻拍拍小壮的肩膀，语重心长地对小壮说："小壮，你应该懂得分享，何况你还是老大。"小壮一听羞愧地低下头，立刻把鸡腿分给了三兄弟和老师，老师看到会心笑了。不一会儿，大家都吃完饭了，但是弟弟小乐碗里的饭还剩了大半碗，因为急着想和哥哥们出去玩，小乐把碗一推不想吃了。老师微笑着对他说："粮食是农民伯伯辛苦种出来的，粒粒皆辛苦！"小乐看看自己的碗，再看看三兄弟干净的碗，赶紧吃完了碗里的饭。

 少先队员活动：选择题

　　以上精彩故事中的"兵兵四兄弟"有哪些文明行为呢？（　）

　　A 懂得分享　　　　B 不浪费粮食

　　C 尊老爱幼　　　　D 不乱扔垃圾

　　在生活中你还发现了哪些文明行为呢？快和其他少先队员们分享分享吧！

 少先队员活动：红领巾小发现

少先队员活动——《红领巾小发现》

红领巾小发现　文明行为我践行	
地点	文明行为
学校里	
家庭里	
社会上	

第二板块：红领巾有话说

其实呀，做文明人，简单一点来说，就是"说文明语，做文明事"。语言是我们沟通交流、传递情感的桥梁。说起"文明语"，你会想到哪些词汇呢？

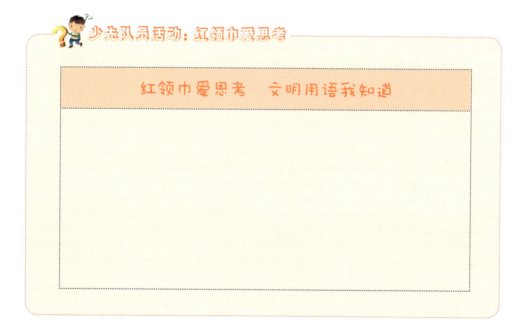

少先队员们，你们真厉害！看来生活中你们一定常说文明语！是的，见面问声"您好"，打扰对方说声"对不起"，接受对方道歉或道谢说声"没关系"，获得别人帮助时，微笑说声"谢谢"，这些都是"文明语"！

今天，"慧行"想和你们聊一聊看似最简单的"谢谢"这个词。它看似很平常，却拥有惊人的积极力量。及时向给予我们帮助的人表达感谢，时刻抱有感恩的态度，不但可以鼓励别人，也可以让自己更幸福和乐观哦!

亲爱的少先队员们,现在请你开动脑筋想一想,我们应该在什么时候,向谁说谢谢呢?

少先队员活动:红领巾小妙招

学会感恩小妙招	
感恩对象(打"✓")	感恩理由及感恩方式
爸爸( )	
妈妈( )	
老师( )	
同学( )	
其他( )	

看来你们真是生活中的有心人!其实,生活中我们需要感谢的人有许多。比如,关心我们成长的人;与我们并肩奋斗、共同成长的人;身处困难时帮助我们的人;指出我们不足的人;给我们日常生活提供便利的人;等等。及时向他人表达感谢,不仅温暖他人,也会温暖自己呢!

第三板块：红领巾在行动

　　亲爱的少先队员们，让我们常怀一颗感恩的心，用心发现身边那些帮助我们的人，及时地、真心地对他们说一声"谢谢"吧！给自己制定一个计划，从你坚持的第一天算起，每天邀请爸爸、妈妈和你一起记录下你的成长吧！

　　亲爱的少先队员们，从今天起，请你把真诚的"谢谢"送给周围的人，并把它们记录下来吧！改变从此刻开始，从说声"谢谢"开始！"慧行"与你一起践行文明，记录感恩！

感恩记录卡：文明——从学会感恩做起

Thank You	When/时间	Where/地点	Who/人物	Why/原因	How Many/数量
示例	8月14日 9：00至 15：00	家 小区门口	妈妈 保安叔叔	给我做美味早餐 帮我开小区大门	★★☆☆☆
周一					☆☆☆☆☆
周二					☆☆☆☆☆
周三					☆☆☆☆☆
周四					☆☆☆☆☆

续表

Thank You	When/ 时间	Where/ 地点	Who/ 人物	Why/ 原因	How Many/ 数量
示例	8月14日 9：00至 15：00	家 小区门口	妈妈 保安叔叔	给我做美味早餐 帮我开小区大门	★★☆☆☆
周五					☆☆☆☆☆
周六					☆☆☆☆☆
周日					☆☆☆☆☆
合计星星数量 （一条感谢得 1 颗星）					
整体评价：星星 21 颗及以上　文明之星（☆） 　　　　　星星 20 颗及以下　加油努力（☆）					
温馨提醒：从你坚持的第一天算起，七天后进行统计。					

恭喜你完成第五课学习任务，获得了"学""会""感""恩"四张字卡，还获得了红领巾小奖章"感恩章"！继续加油，完成下一课的学习吧！

践行社会主义核心价值观，

从"我"做起，从"小"做起，

让我们从小学先锋，长大做先锋，一起行动起来吧！

"文明——从学会感恩做起"，这一课我们就聊到这，

亲爱的少先队员们，再见！

第六课 文 明

从健康上网做起

亲爱的少先队员们，大家好！我是你们的好朋友"慧行"，今天我们又见面啦！通过上一课《文明——从学会感恩做起》，我们知道了文明可以从生活中的感恩做起，当然这只是践行文明的一个方面。那么，随着社会的发展，在信息技术高速发展的今天，互联网已经成为我们生活不可缺少的一部分，我们也成为互联网的"原住民"。在这虚拟网络世界里，网络资源包罗万象，丰富多彩，有些少先队员因为自律性差，陷入网络世界，无法自拔，荒废学业。今天，我们聊一聊《文明——从健康上网做起》。

当你完成每个环节的学习任务并且获得"健""康""上""网"四张字卡时，就能获得本课的红领巾小奖章"文明章"呢！

第一板块：红领巾讲故事

晓晨和鹏仔

晓晨和鹏仔是姐弟俩，晓晨读七年级，学习成绩一般；鹏仔读五年级，学习成绩是全班追赶的标兵。去年春节期间，爸爸为他们各自买了一部智能手机，以便生活所需。自从有了手机后，晓晨和鹏仔的学习成绩发生了天翻地覆的变化。晓晨利用手机上网的便利，安装学习APP，参加线上学习，搜索资料，拓宽知识面，丰富自身知识储备，学习成绩突飞猛进，名列前茅。而鹏仔自从有了手机后，整天沉迷手机的网络游戏和刷短视频，无心学习，成绩一落千丈，经常被父母和老师批评教育，并且鹏仔越来越不喜欢讲话，几乎不与他人交流，性格越来越内向，与之前判若两人！

少先队员活动：我做小判官

好学的少先队员们，听完《晓晨和鹏仔》的故事，请用你的火眼金睛来判断对错吧！

1.晓晨学习进步，是因为利用网络资源进行学习。（ ）

2.鹏仔学习退步，是把心思都花在上网上了。 （ ）

3.晓晨比鹏仔更会上网，善用、巧用网络，养成科学健康上网的好习惯。 （ ）

4.鹏仔沉迷网络的行为，是有害身心健康的。 （ ）

少先队员活动：红领巾小发现

亲爱的少先队员们，网络到底对我们的学习和生活有什么影响？到底是利大，还是弊大呢？请将自己的观点写在"留言板"上吧！"慧行"和小伙伴们正等着你精彩的观点呢！

序号	利	弊
请运用你的智慧，说说网络到底是利大，还是弊大呢？		
1		
2		
3		
4		

是啊，网络就像一把双刃剑，合理利用网络能给我们的生活和学习带来好处；相反，如果不能合理利用网络，一旦过度沉迷于网络世界中，陷入网络陷阱，不仅影响学习，严重时还会影响我们的身心健康。亲爱的少先队员们，正确对待网络，提高自己的鉴别能力，加强自身修养，自觉抵制不健康网络行为，文明——从健康上网做起，我们的生活才更精彩哦！

第二板块：红领巾有话说

对于我们这一代生于网络、长于网络的少先队员们来说，当网络已经像空气和水一样渗透在我们生活方方面面的时候，有些少先队员从小养成了不健康上网习惯，多数以玩游戏和聊天为主，网络成瘾、网络受骗、网络犯罪等问题日益突出。如何科学、文明、健康上网？做个新时代高素养的网络"原住民"，已经是每个少先队员成长过程中必须经历的重大挑战。

少先队员活动：红领巾小妙招

亲爱的少先队员们，怎样才能做到健康上网呢？从小就接触互联网的你，一定有不少好经验、好点子，快来支支招，把小妙招写在锦囊袋上吧！"慧行"和小伙伴都在期待看到你的实用小妙招哦！

健康上网小妙招		
妙招范围（打"√"）		我的小妙招
上网时要保护个人隐私	（　）	
上网时间要适度	（　）	
上网时要用文明用语	（　）	
上网时要善于利用网络方便学习	（　）	
上网时要合理传播，不信谣、不传谣、不造谣	（　）	

我们只有科学、文明、健康地上网，才能正确利用好网络，让网络为我所用，只有这样我们才能在数字时代健康茁壮地成长。

亲爱的少先队员们，我们是网络文明的受益者，更应该成为网络文明的建设者，自觉践行《全国青少年网络文明公约》。为此，"慧行"倡议每一位少先队员要为健康上网打卡，从我做起，从现在做起，做到互相监督，互相帮助，自觉养成健康上网的好习惯，做一位有网络素养的新时代少先队员。

争做健康上网少先队员！亲爱的少先队员和家长朋友们，快快行动起来！

文明记录卡：文明——从健康上网做起

中队（　　）　　姓名（　　）

文明——从健康上网做起	☺ 每天做到	😐 有时做到	☹ 很少做到
周一			
周二			
周三			

续表

文明—— 从健康上网做起	☺ 每天做到	☺ 有时做到	☹ 很少做到
周四			
周五			
周六			
周日			

整体评价：文明之星（ ）加油努力（ ）

说明：从你坚持打卡的第一天算起，七天后邀请爸爸、妈妈或者老师、同学与你对照表格逐项打"✓"。如果你每天做到健康上网，恭喜你就是"健康上网之星"；如果你很少做到健康上网，那么你要加油努力！

恭喜你完成第六课学习任务，获得了"健""康""上""网"四张字卡，还获得了红领巾小奖章"文明章"！继续加油，完成下一课的学习吧！

践行社会主义核心价值观，

从"我"做起，从"小"做起！

让我们从小学先锋，长大做先锋！

"文明——从健康上网做起"，这一课我们就聊到这，

亲爱的少先队员们，再见！

第七课　和　谐

从学会倾听做起

亲爱的少先队员们，我是你们的好朋友"慧行"，很高兴，我们又见面啦！欢迎你们学习第七课，我们一起来聊聊"和谐"。

什么是和谐呢？我们一起到字源中去找答案吧！你看，在《说文解字》中，"和"与"谐"都指古代的一种乐器，而"和谐"最初指的是有韵律的、悦耳的音乐，无韵律的声音被我们称为噪音。可见，和谐的音乐需要韵律，人与人之间的和谐交流也需要规则。其中最重要、最基础的一条规则就是"学会倾听"。让我们先来听一个关于"倾听"的小故事吧！

当你在完成每个环节学习任务并且获得"善""于""倾""听"四张字卡时，还能获得本课的红领巾小奖章"倾听章"呢！

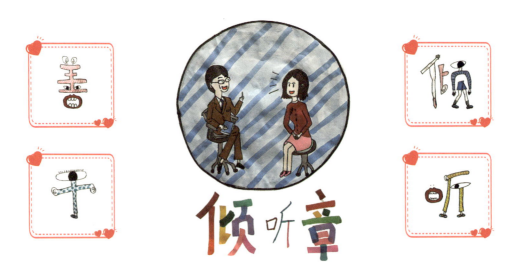

第一板块：红领巾讲故事

听青蛙爷爷讲故事（节选）

一天晚上，我来到池塘边，忽然听到一只青蛙开口说话了。"呱呱呱呱，呱呱，呱呱……"一听就知道，那是一位青蛙爷爷在说话。他说："小青蛙们，我来给你们讲一个故事。"

"呱呱呱呱，呱呱呱，呱呱呱。"他是说："我们这里有一只聪明的小青蛙。"

哎呀！青蛙爷爷的话刚说出口，池塘里许多青蛙一起叫了起来："呱呱呱呱！呱呱呱呱！"在这一大片轰轰响的"呱呱"声中，我再也听不到青蛙老爷爷的声音了，听到的只是些零零碎碎的话："爷爷说的就是我！""不对，他说的是我！""你这么笨，还说自己聪明！"

声音乱七八糟地响了半天，我捡了一块小石子扔到水里。扑通一声！轰隆隆的呱呱声一下子静了下来。

我又听到青蛙爷爷的声音。"呱呱呱，呱呱，呱呱。"他说："不过我们当中也有一只傻头傻脑的小青蛙。"一下子整个池塘又轰隆隆地响起来。我只能听见零零碎碎的小青蛙叫声，他们在说："爷爷这回说的是你！""是你！你正是傻头傻脑的。""你再说我就打你！"

我又往水里扔了一块小石子，寂静中又重新听到青蛙爷爷低低的声音："好了，孩子们，我的故事讲完了。"

少先队员活动：我做小判官

你们认真听了故事，相信一定可以当好小判官：

如果你就是小青蛙中的一员，在青蛙爷爷讲故事的时候，你会怎么做呢？请在你认为正确的括号里打"√"。

1. 静静地听青蛙爷爷讲故事。 （ ）

2. 听到自己感兴趣的地方就马上和小伙伴讨论。 （ ）

3. 用手势提醒其他吵闹的小青蛙。 （ ）

4. 听到自己不理解的地方就马上打断青蛙爷爷，提出自己的疑问。 （ ）

第二板块：红领巾有话说

亲爱的少先队员们，学会倾听，是人与人和谐交流的基础。如果不会倾听，就会像故事里的小青蛙们一样，不仅无法接收他人的信息，还会难以输出自己的观点，从而造成混乱的局面。

倾听别人说话，似乎是一件简单的事，但并非每个人都能做到。那么如何做一个合格的倾听者呢？

青蛙爷爷也给大家送来了"倾听宝典"，请收好！倾听是一种美好的品质，是一种文明的交流方式。它需要我们在生活中一遍遍地实践，去感受倾听带来的和谐与美好！

少先队员活动：红领巾小妙招

亲爱的少先队员们，在不同的场合下，如何做一个合格的倾听者呢？爱动脑的你一定有不少好经验、好点子，快来支支招，把小妙招写在锦囊袋上吧！

红领巾小妙招	
场景	你会给倾听者什么小妙招或小建议呢？
1.小明第一次面向全班讲故事，他有些紧张，说话也不利索了。	
2.小组合作学习时，小华正在发表自己的观点，但作为倾听者的其他组员们不太认同。	
3.老师正在讲解做实验的要求和步骤，作为倾听者的队员小张正低头玩着自己的实验器材。	

倾听宝典

（1）诚心诚意地倾听。
（2）耐心细致地倾听。
（3）专心致志地倾听。
（4）心存善意地倾听。

第三板块：红领巾在行动

　　亲爱的少先队员们，从古至今，人们在生活实践中探索如何成为一个优秀的倾听者，这些优秀的倾听者，他们往往能做到洗耳恭听、侧耳倾听，因为他们明白"此时无声胜有声"的奥秘。如今，让我们传承好中华优秀文化，践行好社会主义核心价值观，一起来实践，从今天起，请你常常问自己："今天我是一个合格的倾听者吗？"根据青蛙爷爷的"倾听宝典"，结合自己的生活，面对父母的叮咛、老师的教诲、同学的苦恼，你倾听了吗？不妨把你做得好的地方和不足之处记录下来，和我们一起分享交流吧！

少先队员活动：红领巾小先锋

"细说社会主义核心价值观"
每周倾听活动体验

倾听记录卡：和谐——从学会倾听做起

记录每一天自己用心倾听的一件事，对照"倾听宝典"里的倾听贴士，看看自己做到了哪些倾听好习惯，请在表格中画上对应颜色的心心（♡）吧！

和谐，从学会倾听做起	倾听身边事（提取你听到的信息，简单描述一下你倾听的一件小事）	诚心诚意 ♥	耐心细致 ♥	专心致志 ♥	心存善意 ♥
周一					

续表

和谐，从学会倾听做起	倾听身边事（提取你听到的信息，简单描述一下你倾听的一件小事）	诚心诚意 ❤️	耐心细致 ❤️	专心致志 ❤️	心存善意 ❤️
周二					
周三					
周四					
周五					
周六					
周日					

整体评价：倾听达人（　　）
　　　　　加油努力（　　）

说明：从你坚持的第一天算起，七天后邀请爸爸、妈妈、老师或同学与你对照表格逐项打"√"。如果每天或经常做到，恭喜你就能得到"倾听章"；如果有时做到或很少做到，那么你就得加油努力喽！

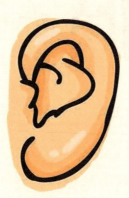

 恭喜你完成第七课学习任务，获得了"善""于""倾""听"四张字卡，还获得了红领巾小奖章"倾听章"！继续加油，完成下一课的学习吧！

倾听章

践行社会主义核心价值观，

从"我"做起，从"小"做起。

让我们从小学先锋，长大做先锋！

"和谐——从学会倾听做起"，这一课我们就聊到这，

亲爱的少先队员们，再见！

第八课 和 谐

从团结友爱做起

大家好，我是大家的好朋友"慧行"！上一课我们聊到了《和谐——从学会倾听做起》，学习了学会倾听要带着一颗诚心、一颗善心、一颗耐心、一颗专心。亲爱的少先队员们，让和谐之花盛开，除了学会倾听外，还需要做好什么呢？是的，还需要团结友爱。

今天，让我们继续开启"和谐之路"，一起来说说团结友爱的那些事吧！

当你完成每个环节的学习任务并且获得"团""结""友""爱"四张字卡时，就能获得本课的红领巾小奖章"友爱章"呢！

第一板块：红领巾讲故事

在新型冠状病毒肆虐之际，广大的医务工作者、警察、社区工作者、志愿者、科研人员……在抗疫前线团结一心、众志成城，谱写了一曲团结和谐的"抗疫战歌"，你知道哪些感人的故事呢？请分享给周围人听吧！

少先队员活动：红领巾小发现

少先队员们，从全民抗疫中，你感受到了什么？请把思考的结果，以关键词的形式写在"留言板"上！

生活当中，我们要怎样去践行"团结友爱"呢？让我们一起畅所欲言吧！请从下列问题中选一项，举例说说：

1.回忆在学校发生过的事，你曾经得到过哪些帮助，让你感受到团结友爱？

2.回顾你曾经做过哪些小事，让别人感受到团结友爱？

第二板块：红领巾有话说

少先队员们，请记住并随时做到乐于助人、互相谦让、尊重他人、善于合作，生活会因为你们的善良而美好，社会会因为大家和谐而更加美好。

团结友爱小贴士

1. 当我们身边的人遇到困难时，及时伸出援手帮一把。

2. 当与人产生小摩擦、小矛盾时，有一颗包容的心，懂得谦让。

3. 当同学发言时，认真倾听，不轻易打断别人的发言。

4. 当大家一起合作完成一件事时，你会享受到合作的喜悦。

 少先队员活动：红领巾小妙招

少先队员们，在生活中，一些不利于团结的事情也会时有发生，当你自己或看到别人有下列情况时，你会怎样做呢？请选择你处理过的事，并说说你是用什么方法处理的。

团结友爱小妙招

	我遇到的事（打"√"）		我的小·妙招
语言上	说脏话	（ ）	
	总说别人的不是	（ ）	
	上课插嘴	（ ）	
	给别人起外号	（ ）	
行为上	同学之间打架	（ ）	
	故意损坏同学的东西	（ ）	
	翻看同学的日记	（ ）	
	意见不统一	（ ）	
其他			

第三板块：红领巾在行动

亲爱的少先队员们，团结、友爱、互助不仅是我们每一个人必不可少的优良品质，它还能促进社会的和谐发展。所以从今天起，请你时刻提醒自己："团结同学，友爱他人。"哪怕自己力量微小，也要尽力去帮助身边有需要的人。然后说说帮助别人之后你的收获！也可以试一试拿起相机拍一拍你身边团结友爱的人和一些团结友爱的和谐画面！

最后，让我们一起来记录每周团结友爱体验活动吧！

少先队员活动：红领巾小先锋

团结友爱记录卡：和谐——从团结友爱做起

中队（　　） 姓名（　　）

时间	地点	做了一件什么事	我的收获
周一			
周二			
周三			
周四			
周五			
周六			
周日			

说明：从你坚持的第一天算起，七天后邀请爸爸、妈妈、老师或小伙伴与你对照表格填写内容逐项点赞"👍"，并把赞数填在后面"评价栏"内。如果每天或经常做到，恭喜你就能得到"友爱章"；如果有时做到或很少做到，那么你就得加油努力喽！

自我评价：👍 （　　　　）

父母评价：👍 （　　　　）

小队长评价：👍 （　　　　）

恭喜你完成第八课学习任务，获得了"团""结""友""爱"四张字卡，还获得了红领巾小奖章"友爱章"！继续加油，完成下一课的学习吧！

践行社会主义核心价值观，

从"我"做起，从"小"做起，

让我们从小学先锋，长大做先锋，一起行动起来吧！

"和谐——从团结友爱做起"，这一课我们就聊到这，

亲爱的少先队员们，再见！

第九课　自　由

从敢于提问做起

亲爱的少先队员们，我是你们的好朋友"慧行"，很高兴，我们又见面啦！欢迎你们学习第九课，我们一起来聊聊"自由"。

什么是自由呢？我们一起到字源中去找答案吧！你看，在《说文解字》中，"自"原本是"鼻"的本字。字形也像鼻子的形状。后来"自"多用于"自己"义。"由"，会意字。从田、从丨，像路从外面通到田里。本义是从、自。两者合在一起，表示遵循自己的内心世界，去做自己想做的事情。

从古至今，人们都在追求自由：李大钊等共产党人奔走呼告寻求民族解放，实现民族自由；马丁·路德·金心中有一个梦想，为实现黑人的人身自由发出呐喊；梁山伯与祝英台追求爱情与婚姻的自由，留下化蝶双飞的凄美故事……千千万万的人都在为自由而奋斗，就让我们带着对自由的向往和勇气，来学习这一课吧！

"谋中国民族之解放"

——狱中自述（节录）

惟吾中国，自鸦片战役而后，继之以英法联军之役，太平天国之变，甲午之战，庚子之变，乃至辛亥革命之变，直到于今，中国民族尚困轭于列强不平等条约之下，而未能解脱。此等不平等条约如不废除，则中国将永不能恢复其在国际上自由平等之位置。而长此以往，吾之国计民生，将必陷于绝无挽救之境界矣！然在今日谋中国民族之解放，已不能再用日本维新时代之政策，因在当时之世界，正是资本主义勃兴之时期，故日本能亦采用资本主义之制度，而成其民族解放之伟业。今日之世界，乃为资本主义渐次崩颓之时期，故必须采用一种新政策。对外联

当你完成每个环节的学习任务并且获得"敢""于""提""问"
四张字卡时，就能获得本课的红领巾小奖章"自由章"呢！

第一板块：红领巾讲故事

泥中之龟

庄子在濮水旁垂钓，楚王派二位大夫请他做官。庄子淡然说
道："楚国有只神龟，被杀死至今已三千岁了。楚王十分珍惜它。
我请问二位，此龟是宁愿死后留骨而贵，还是宁愿生时在泥水
中潜行曳尾呢？"二位大夫道："那当然是愿活着在泥水中摇尾而
行。"庄子说："二位大夫请回！我也愿在泥水中曳尾而行。"

亲爱的少先队员们，听了这个故事，你对"自由"是不是有
了初步的理解，让我们来做一次头脑风暴吧！

少先队员们，你们善于观察、才思敏捷，想到了那么多关于

少先队员活动：红领巾小发现

"自由"头脑风暴记录表	
跟"自由"相关的词语	
思想"自由"的代表人物	
有关"自由"的故事	
跟"自由"相关的诗句、名言	
……	

"自由"的素材。"自由"，我们可以理解为在一定条件下能按照自己的心意行动，不受限制和约束。在当下的生活中，有些青少年缺少自由表达的欲望与能力，让我们从敢于提问做起吧！

第二板块：红领巾有话说

亲爱的少先队员们，敢于提问是学习生活中沟通、交流的重要法宝，也是爱思考、会思考的表现。敢于提问，似乎是一件简单的事，但并非人人都能做到。不敢提问者主要有"二怕"：一怕提出的问题受到别人的批评；二怕提出

的问题过于简单而被人嘲笑。

那么，怎样才能做到敢于提问呢？自信的你一定有不少成功的经验，快跟大家分享分享吧！"慧行"和小伙伴们都在期待你的实用小妙招哦！

少先队员活动：红领巾小妙招

敢于提问小妙招	
小妙招	使用方法
例： 敢于尝试	遇到问题时，先自己思考，尝试解决。解决不了，再提问。不要逢题就问，避免养成依赖性提问。
态度真诚	提问时态度要真诚，因为是请别人解答问题，提问时要带上礼貌用语"请问""能再说一遍吗"。别人解答问题时，要认真听，当听明白的时候，要表达感谢。
……	……

亲爱的少先队员们，谢谢你们的小妙招分享！其实，每一个伟大的发明、发现背后都有着"十万个为什么"，牛顿发现万有引力、瓦特发明蒸汽机、伽利略发现自由落体定律……只有敢于提问、善于提问的人才能感受到思考的快乐，才能碰撞出智慧的火花。

第三板块：红领巾在行动

亲爱的少先队员们，请你结合自己的学习和生活，勇敢地向父母、老师、同伴等提出你的问题吧！给自己制定一个计划，从你坚持提问第一天算起，跟爸爸妈妈分享你的收获，让爸爸妈妈见证你的成长。一次有效提问可以得到 1 颗爱心，集齐 10 颗以上爱心，你就能得到"好问之星"的称号。

"敢问——路在脚下"记录卡
自由——从敢于提问做起

亲爱的少先队员们，从今天起，当你遇到不懂的问题，请勇敢提问，并记录自己的点滴收获。改变，从此刻开始，从"敢于提问"开始，"慧行"将与你一起，记录勇敢！

时间	提问内容	收获	是否有效提问 （父母评价）
周一			♡ ♡ ♡ ♡ ♡
周二			♡ ♡ ♡ ♡ ♡
周三			♡ ♡ ♡ ♡ ♡
周四			♡ ♡ ♡ ♡ ♡
周五			♡ ♡ ♡ ♡ ♡
周六			♡ ♡ ♡ ♡ ♡
周日			♡ ♡ ♡ ♡ ♡
累计得"心" （一个有效提问获得 1颗爱心）	（　）颗		

整体评价：爱心 10 颗及以上　　好问之星（♡）
　　　　　爱心 9 颗及以下　　加油努力（♡）

温馨提醒：从你第一天坚持提问算起，七天后进行统计。

恭喜你完成第九课学习任务，获得了"敢""于""提""问"四张字卡，还获得了红领巾小奖章"自由章"！继续加油，完成下一课的学习吧！

敢 于 提 问

自由章

践行社会主义核心价值观，

从"我"做起，从"小"做起，

让我们从小学先锋，长大做先锋，一起行动起来吧！

"自由——从敢于提问做起"，这一课我们就聊到这，

亲爱的少先队员们，再见！

第十课 自由

从自主管理做起

亲爱的少先队员们，大家好，我们又见面啦！我是大家的好朋友"慧行"！欢迎你们学习第十课《自由——从自主管理做起》，我们来一起聊聊"自由"。

"自由"不是为所欲为，想做什么就做什么，而是在一定的规则与秩序范围内的自由。少先队员们，践行社会主义核心价值观中的"自由"，可以从自主管理做起。

我们将从"红领巾讲故事""红领巾有话说""红领巾在行动"三个环节来聊聊"自主管理"。

当你在完成每个环节学习任务并且获得"自""主""管""理"四张字卡时，还能获得本课的红领巾小奖章"自主章"呢！

第一板块：红领巾讲故事

鲁迅爷爷在书桌右上角刻"早"字

古往今来，成就大事业的人都善于自主管理，通过自主管理修养品德、锻炼本领，成为一个对国家、对社会有贡献的人。让我们来读读鲁迅爷爷小时候的故事吧！

鲁迅爷爷十三岁时，他的祖父因科场案被逮捕入狱，父亲长期患病，家里越来越穷。鲁迅一面上私塾，一面要帮助做家务，他经常到当铺卖掉家里值钱的东西，然后再到药店给父亲买药。有一次，父亲病重，鲁迅爷爷一大早就去当铺和药店，回来时老师已经开始上课了。老师看到他迟到了，素以品行方正、教书认真著称的寿镜吾老先生严厉地说了这样一句话："以后要早到！"

鲁迅爷爷听了，点点头，没有为自己作任何辩解，低着头默默回到自己的座位上。

第二天，他早早来到学校，在书桌右上角用刀刻了一个"早"字，心里暗暗地许下诺言：以后一定要早起，不能再迟到了。

以后的日子里，父亲的病更重了，鲁迅爷爷更频繁地到当铺去卖东西，然后到药店去买药，家里很多活都落在了鲁迅爷爷的肩上。他每天天不亮就早早起床，料理好家里的事情，然后再到当铺和药店，之后又急急忙忙地跑到私塾去上课。虽然家里的负担很重，可是他再也没有迟到过，而且时时早，事事早，奋斗了一生。

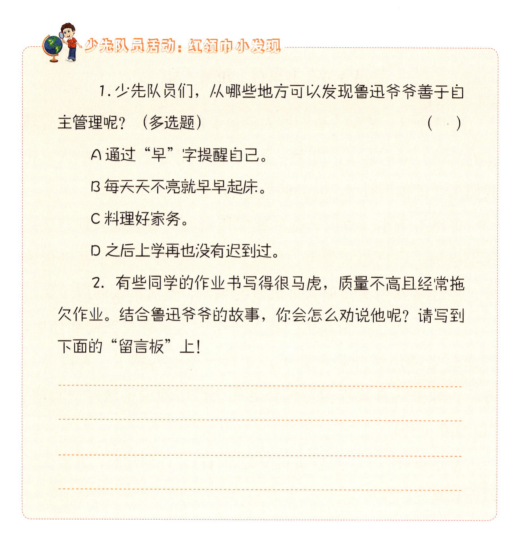

少先队员活动：红领巾小发现

1. 少先队员们，从哪些地方可以发现鲁迅爷爷善于自主管理呢？（多选题） （ ）

A 通过"早"字提醒自己。

B 每天天不亮就早早起床。

C 料理好家务。

D 之后上学再也没有迟到过。

2. 有些同学的作业书写得很马虎，质量不高且经常拖欠作业。结合鲁迅爷爷的故事，你会怎么劝说他呢？请写到下面的"留言板"上！

第二板块：红领巾有话说

接下来，你会遇到三个有趣的小情境，一起来现场看看吧！

情境一：

"慧行"邀请了好朋友一家明天上午十点到自己家做客，第二天早上九点时，"慧行"的房间里是这样的：

帮一帮：你会提醒"慧行"，他的房间需要做哪些改变呢？

_____

_____

选一选：如果是你，是需要爸爸妈妈提醒，还是自己就能做好呢？ （　　）

A 不用提醒，我能自觉做好　　 B 有时需要提醒

情境二：

"慧行"晚上躲着长辈玩电子游戏，睡得很晚，早上上学迟

到，上课无精打采、昏昏沉沉的，没有仔细听讲，结果回到家作业不会做，就在网上搜了答案抄上去。单元小测验中"慧行"的成绩退步很大，这时他感到沮丧和后悔了。

　　帮一帮：你能指出"慧行"同学需要改进的地方在哪里吗？

_____

_____

情境三：

　　你是一名红领巾文明监督岗的值日生，一天，你看到"慧行"下课后在走廊上追跑还兴奋地大声喊叫，你会怎样文明有礼地劝告"慧行"呢？

　　写一写：

_____

_____

　　通过上面的情境，相信你已经对自主管理有更直观的体会了。那么我们可以从哪些方面的小事做起，提升自主管理能力呢？欢迎分享小妙招！

自主管理小妙招 1：内务整理篇

红领巾技能博物馆：

　　内务整理的技能有很多，一起来逛逛新开的红领巾内务技能博物馆。

展厅	展位	展位	展位	空位
一二年级展厅	戴好红领巾	系鞋带	洗水杯	
三四年级展厅	整理书包	收拾抽屉	洗衣服	
五六年级展厅	拖地	做美食	洗碗	

　　让我们把这间博物馆的展品变得更加丰富，想一想，你还会哪些技能呢？欢迎在对应的展厅里添加上你的技能，并留下照片展示吧！

自主管理小妙招2：自主学习篇

　　刚才，我们通过逛博物馆，学习了内务整理方面的自主管理小技巧，接下来，让我们一起来到自主学习加油站吧！

先来玩个"自主学习小学霸"养成游戏吧!

选一选:

1."慧行"早晨来到了教室,此时老师不在,"慧行"在做什么呢?　　　　　　　　　　　　　　　( )

A 无所事事、发呆

B 和其他同学聊天

C 拿出书大声早读

2. 预备铃响了,"慧行"在做什么?　　　　　( )

A 还在走廊外乱跑

B 继续和同学聊天

C 摆放好学习用具

3. 正在上课,旁边的同学找"慧行"来讲话,"慧行"什么表现?　　　　　　　　　　　　　　　( )

A 不听课开始和同学讲话

B 仍在听课但是分心了

C 继续认真听课

4. 放学了回到家,开始要写作业了,"慧行"是什么状态?　　　　　　　　　　　　　　　　　( )

A 找其他事做拖延时间

B 书写美观、认真思考和作答

C 随意写写

恭喜你，让"慧行"成了一个学习习惯优秀的榜样！还有哪些好的行为习惯能让"慧行"成为一个善于自主学习的好队员呢？

自主学习小妙招

自主学习小妙招（在你常用的小妙招右边打"√"）		
	辅导员示范：预习第二天要学习的内容	（　　）
	辅导员示范：按时进行复习、巩固	（　　）
	辅导员示范：学习上不懂的问题问老师 同学交流	（　　） （　　）
	队员补充：	
	队员补充：	
	队员补充：	

自主管理小妙招 3：集体活动篇

少先队员们，除了做自己学习与生活上的小主人，我们每个人都渴望能在集体中获得认可，可以根据自己的特长、兴趣爱好、能力等选择适合自己的事情，在集体中发光发热，从而让集体中"事事有人管，人人有事做"。哪些地方需要安排什么类型的红领巾管理员呢？来玩个连线游戏吧！

红领巾连连看

校 门 口　　礼仪监督员（微笑问候师生，检查着装、红领巾）

校 操 场　　两操巡视员（监督做操时的路队、纪律）

走廊过道　　安全监督员（提醒同学不追跑打闹、互相礼让）

班级教室　　门窗管理员、黑板管理员、图书管理员等

你觉得，在学校里还有哪些地方需要设置怎样的管理员呢？试着补充。

最近"小明"所在的学校招募红领巾管理员，"小明"想参加竞选，但是又觉得可能选不上、做不好，我们一起通过知识竞赛帮帮他吧！

1.你觉得竞选红领巾自主管理员的目的可以是什么呢？（多选）　　　　　　　　　　　　　　　　　　　　（　　）

A 为了当"官"可以管别人　　B 为了当老师的小助手

C 为了更好地服务同学　　　D 为了锻炼自己的能力

2.你觉得哪些做法有助于当好红领巾自主管理员呢？（多选）　　　　　　　　　　　　　　　　　　　　（　　）

A 明确自己的职责　　　　　B 做好引领的榜样

C 公正严格地监督　　　　　D 如实地做好记录

感谢你们的帮忙，"小明"如愿地当选了。他工作非常认真，受到了老师、同学的喜爱。不过他有点小烦恼，当了管理员他变得更忙了，爸爸妈妈觉得会影响他学习的时间，"小明"希望继续当自主管理员。你如何替"小明"向他的爸爸妈妈解释呢？

第三板块：红领巾在行动

亲爱的少先队员们，相信你们对自主管理有更深切的认识了。心动不如行动，加入"慧行小先锋"行动，成为自主管理小达人吧！

少先队员活动：红领巾小先锋

"红领巾小先锋"行动记录卡：自由——从自主管理做起

中队（　　　）　　　姓名（　　　）

我选择的行动项目【可多选，在（ ）内打"✓"】	整理内务（ ）	自主学习（ ）	参与集体管理（ ）
我的小妙招【可多选，在（ ）内打"✓"】	1. 清洗衣服（ ） 2. 整理房间（ ） 3. 垃圾分类（ ） 4. 其他___（ ）	1. 提前预习（ ） 2. 认真听讲（ ） 3. 不懂就问（ ） 4. 其他___（ ）	1. 遵守校规校纪，做好榜样（ ） 2. 认真做好值日（ ） 3. 劝阻同学的不文明行为（ ） 4. 其他____（ ）
我一周的打卡次数			

恭喜你完成第十课学习任务，获得了"自""主""管""理"四张字卡，还获得了红领巾小奖章"自主章"！继续加油，完成下一课的学习吧！

践行社会主义核心价值观，

从"我"做起，从"小"做起，

让我们从小学先锋，长大做先锋，一起行动起来吧！

"自由——从自主管理做起"，这一课我们就聊到这，

亲爱的少先队员们，再见！

第十一课 平 等

从合作学习做起

亲爱的少先队员们，我是你们的好朋友"慧行"，很高兴，我们又见面啦！欢迎你们学习第十一课《平等——从合作学习做起》，我们一起来聊聊"平等"。

什么是平等呢？我们一起到字源中去找答案吧！你看，在《说文解字》中，"平"指语调平舒，后引申为"均等，公正"，"等"指整齐的简册，后来引申为"相同"，这两个字合在一起，说的是人与人之间不分高低贵贱，互相理解、互相尊重。相互平等是人际交往中重要的礼仪，社会是个大家庭，相亲相爱一家人，只有这样，人和人之间才能建立起一种和谐、友爱的关系。

当你完成每个环节的学习任务并且获得"合""作""学""习"四张字卡时，就能获得本课的红领巾小奖章"平等章"呢！

第一板块：红领巾讲故事

有教无类

孔子有很多学生，有的聪明一点，有的反应慢一点，有的家里很富有，有的来自很贫穷的家庭，孔子都是一样耐心地教他们学习。

有一个叫冉雍的人，家里很穷，他的爸爸因为偷东西被抓起来了。冉雍的妈妈哭着带他来找孔子，希望孔子收他当学生。孔子毫不犹豫地收下了冉雍。孔子的其他学生知道了冉雍的身世，就看不起他，总是对他议论纷纷："哎，你知道吗？他的爸爸是小偷，老师是不是老糊涂了，怎么能收小偷的儿子做学生呢？""是啊，他下次一定会偷我们的东西，最好离他远点。"孔子听到这些议论，一直没有说话。

有一天，孔子和学生们郊游，看到路边有一头健壮的小牛。学生们都说这是一头适合祭祀的好牛。孔子摇摇头说："不行不行，生它的牛又矮又瘦，它可不能用来祭祀。"学生们说："老师，这有什么关系呢？只要它很健壮就行了。"孔子摸摸胡子接着说："那么人呢？做了错事的人也可能有行事光明的儿子啊！"学生们知道孔子说的是冉雍的事，一个个都低下了头。孔子正是运用这种教育平等的思想，招收了很多各种各样的学生，让那些贫穷的孩子也有机会和有钱人家的孩子一样，学到知识，成为人才。

孔子有教无类、平等待人的教育思想至今仍然影响着我们。

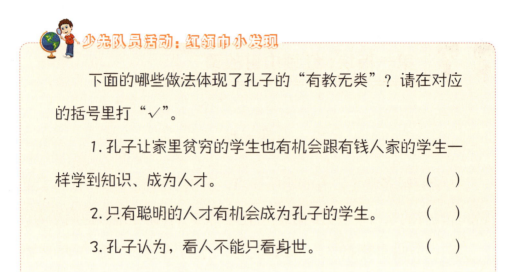

少先队员活动：红领巾小发现

下面的哪些做法体现了孔子的"有教无类"？请在对应的括号里打"√"。

1.孔子让家里贫穷的学生也有机会跟有钱人家的学生一样学到知识、成为人才。 （ ）

2.只有聪明的人才有机会成为孔子的学生。 （ ）

3.孔子认为，看人不能只看身世。 （ ）

第二板块：红领巾有话说

亲爱的少先队员们，我们如何在合作学习中创造和谐、平等的氛围呢？

平时小组学习中，有些队员自己说起来没完没了，不给小组成员发言的机会。小组中每个人都是一样重要的，我们不做"小权威"，也不做"小麦霸"，不论是自己感兴趣的还是不感兴趣的都不要急着打断别人发言，同时也要鼓励小组里平时不怎么说话的队员说出自己的想法，说错了也没关系。

一个学习小组里有组长、记录员、资料员、报告员等。合作学习是集体活动，大家分工合作，完成相应的任务。隔一段时间，成员之间可以定期交换角色，让每个组员有机会体验每一种角色，锻炼各方面的能力。

小组就像是一个小团队，我们在小团队中可以给每个人编号，在课堂实践中，分配任务、展示成果时可以直接叫号，组内的分工也可以轮流进行，让所有的人都积极参与到学习中，不要成为旁观者。组内成员一起给团队起名字，当团队出现不和谐的声音，比如不愿意发言、不想轮换角色……这时候，大家不要相互抱怨、指责，只有团结起来，互相帮助才能解决问题，共同成长。

　　一个学习小组就是一个学习共同体、成长共同体。每个同学都是独一无二的，有的同学爱说不爱写，有的同学爱写不爱说，各人爱好不同，大家都做最好的自己，以自己好的行为来影响带动他人。合作学习时，大部分时候是在教室里进行的，这个时候我们一定要控制自己说话的音量，用交谈级音量讨论，不要打扰到其他小组，这样，整个教室的合作学习就会变成一首美妙的交响乐。众人拾柴火焰高，大家取长补短，不断进步，合作共赢，一定会让学习小组不断成长，个人也一定会在小组中不断进步。

 少先队员活动：红领巾小妙招

　　亲爱的队员们，请将自己的收获写在下面吧：

体现平等合作学习的金点子	
妙招范围（打"√"）	我的妙招内容
人人参与，体现平等（　）	
角色轮换，创造平等（　）	
有序交流，实现平等（　）	
尊重个体，和而不同（　）	
我的补充：	

第三板块：红领巾在行动

　　亲爱的少先队员们，让我们传承好中华优秀文化，践行好社会主义核心价值观，一起来实践，从今天起，请你常常问自己："我在合作学习中尊重每个成员的参与机会了吗？"请在合作学习中做到尊重每一个成员的机会和意愿，然后说说在你这样做之后发生了哪些改变，得到了哪些收获？另外，不管是平时的课堂学习，还是假期里组建的社区学习，都是合作学习，说说你的其中一次合作学习的经历吧！

　　说到这里，你是不是迫不及待地想把跟同伴合作学习的经历告诉我啦？我已经满怀期待地听你讲合作的故事啦，请把你的分享发到中队群里吧。

　　恭喜你完成第十一课学习任务，获得了"合""作""学""习"四张字卡，还获得了红领巾小奖章"平等章"！继续加油，完成下一课的学习吧！

　　践行社会主义核心价值观，

　　从"我"做起，从"小"做起，

让我们从小学先锋，长大做先锋，一起行动起来吧！

"平等——从合作学习做起"这一课我们就聊到这，

　　亲爱的少先队员们，再见！

第十二课　平　等

从尊重他人做起

亲爱的少先队员们，大家好，我们又见面啦！我是大家的好朋友"慧行"！上一次，我们共同学习了第十一课《平等——从合作学习做起》，相信通过学习，你们已经更加明白了在平时的合作学习中就处处体现着平等。今天，我们通过"尊重他人"来更深入地理解平等吧！

那么，平等还能体现在哪些方面呢？对，还能体现在真诚、友善、礼貌和尊重。是的，尊重他人其实就是真诚、友善、有礼貌地与人相处。今天，我们一起学习《平等——从尊重他人做起》。

当你完成每个环节的学习任务并且获得"尊""重""他""人"四张字卡时，就能获得本课的红领巾小奖章"尊重章"呢！

第一板块：红领巾讲故事

全国劳动模范时传祥

时传祥爷爷出生于山东省齐河县一个贫苦农民家庭，14岁逃荒流落到北京城郊宣武门的一家私人粪场当了掏粪工。在旧中国，掏粪工被认为是社会最底层的工作，但是他一干就是20年，受尽了压迫与欺凌。新中国成立后，人民当家作主，时传祥爷爷兴奋地发现，掏粪竟也是社会主义建设事业的一部分，从此，他满怀热情、任劳任怨地投入到掏粪这项光荣的劳动之中，他以主人翁的姿态奋战在"搞好环境卫生，美化人民首都"的第一线。1959年，他被选为全国劳动模范，国家主席刘少奇爷爷握着他的手说："你掏大粪是人民勤务员，我当主席也是人民勤务员，这只是革命分工不同。"时传祥爷爷从此备受鼓舞，工作更有干劲了。

少先队员劳动：红领巾小发现

亲爱的少先队员们，这个故事告诉我们，劳动只是分工不同，岗位不同，在人格上是平等的。正是时传祥爷爷和刘少奇爷爷带头崇尚劳动光荣，相互尊重，才有了这个美好的故事。

亲爱的少先队员们，现在我们来当小·法官，断断案，看看下面的五个场景有没有出现"我"尊重别人或者别人尊重

"我"的情况，如果他的做法不对，请你在"留言板"上说说原因。

1. 星期一升旗，我忘记戴红领巾了，莉莉的桌子上刚好有一条多余的红领巾，可是莉莉不在教室，我没有征求莉莉的同意就拿走了红领巾。　　　　　　　　（　）

2. 同学互相尊重、团结互助，理解宽容，不贬低别人的劳动成果，不以大欺小，不戏弄、讽刺他人，不给别人起绰号。　　　　　　　　（　）

3. 放学回家小明只顾着看电视，没有写作业，回到学校拿小芳的作业来抄。　　　　　　　　（　）

4. 在路上碰到老师，假装没看到绕道而行，懒得和他打招呼。　　　　　　　　（　）

5. 班里有些同学总喜欢取笑我，给我起绰号。　（　）

第二板块：红领巾有话说

　　亲爱的少先队员们，不管人与人之间的差异有多大，我们都应该始终以平等的态度去对待，这是每个人应该有的待人之道。请少先队员们跟着"慧行"一起学习和感悟下面的内容。

　　1. 平等对待他人。人与人之间相处，要懂得互相尊重。

三百六十行，行行出状元。如今职业越来越多，各种新奇的工作层出不穷，但是他们都无贵贱之分，如：清洁工、护士、教师、快递员、外卖员、农民工等，他们都是默默为社会作出贡献的人，每个认真工作的人都值得被尊重。

2.学会换位思考。亲爱的少先队员们，我们不做自私自利的人，学会换位思考为他人着想，懂得谦让，不贬低别人的劳动成果、不讽刺别人、不给别人起绰号等。队员们，生活中，我们常常有被起绰号的困扰。你被起绰号时，有什么样的感受呢？是呀，不论对方有没有带着恶意来给我们起绰号，心里都很难受。所以，让我们友善、真诚地对待身边的每个人，这样，我们也会得到别人的尊重。

3.积极关注、帮助他人。三（1）班小磊家境困难、性格内向，自卑不自信，平时不敢和班里的少先队员们一起玩耍，生怕他们瞧不起他，他的同桌莉莉了解他的情况后主动找他，并鼓励他说："大家都很友善，也很想跟你交朋友，你愿意和他们做朋友吗？"小磊听后很高兴，鼓起勇气主动和少先队员们交上了朋友。所以呀，尊重是一句礼貌的问候，尊重是一句真诚的道歉，尊重是一句暖心的鼓励，尊重是一句衷心的赞美……

4.学会欣赏他人。亲爱的少先队员们，每个人都有自己的长处。我们在欣赏别人的同时，可以把他人当作一面镜子从中找出自己的不足，取长补短。

少先队员活动：红领巾小妙招

亲爱的少先队员们，我们要心明眼亮，善于去发现别人的长处，现在一起来聊一聊我们的发现吧。

示例	我最欣赏小张同学的（认真）。	因为他每次都能认真完成老师布置的学习任务。
1.	我最欣赏（　）。	
2.	我最欣赏（　）。	
3.	我最欣赏（　）。	
4.	我最欣赏（　）。	

亲爱的队员们，让我们回顾一下如何尊重他人。

1.平等对待他人。

2.学会换位思考。

3.积极关注、帮助他人。

4.学会欣赏他人。

 少先队员活动：红领巾小妙招

人的内心都渴望得到他人的尊重，尊重他人是一种高尚的美德，我们要如何尊重他人呢？请大家在"留言板"上写下自己的小妙招吧！

示例	如何尊敬（家人）？要做到不要性子、认真听父母意见。
1.	如何尊敬（ ）？要做到＿＿＿＿＿＿＿＿＿＿＿＿。
2.	如何尊敬（ ）？要做到＿＿＿＿＿＿＿＿＿＿＿＿。
3.	如何尊敬（ ）？要做到＿＿＿＿＿＿＿＿＿＿＿＿。
4.	如何尊敬（ ）？要做到＿＿＿＿＿＿＿＿＿＿＿＿。

 第三板块：红领巾在行动

亲爱的少先队员们，让我们把尊重他人这一美德记在心里，落在行动上，从现在开始，一起行动起来吧！

少先队员活动：红领巾小先锋

　　快快行动起来，请你用眼睛和心灵做相机，记录下生活中尊重和被尊重的故事。如：对父母、对老师、对朋友、对同学……可以将你看到的尊重他人的行为画一画，写一写，说一说，然后上传到我们的专栏里，让其他的队员也学一学！

温暖小爱心记录卡：平等——从尊重他人开始

中队（　　　）　　姓名（　　　）

平等——从尊重他人开始	争章任务	自我评价	小队评价	辅导员评价
德	1.人人争当督导员，对不尊重他人行为敢于制止和纠正。 2.我们曾经都可能有过不尊重他人的行为，想想这些人中谁最让你深感愧疚，把你对他深深的歉意写在卡上，制作成致歉卡请求他的谅解。			
智	1.学会友好的与人交往，礼貌待人。 2.说一说自己或者他人尊重和被尊重的故事。			
体	寻找身边尊重他人的榜样。			
美	1.唱一唱：学习《平等歌》等歌曲。 2.画一画：制作"尊重他人"为主题的手抄报。			
劳	1.演一演：小队合作创作"尊重"题材的情景剧 2.创一创：创编一句尊重语。			

恭喜你完成第十二课学习任务，获得了"尊""重""他""人"四张字卡，还获得了红领巾小奖章"尊重章"！继续加油，完成下一课的学习吧！

践行社会主义核心价值观，

从"我"做起，从"小"做起，

让我们从小学先锋，长大做先锋，一起行动起来吧！

"平等——从尊重他人做起"这一课我们就聊到这，

亲爱的少先队员们，再见！

第十三课 公 正

从轮流值日做起

亲爱的少先队员们，大家好，我们又见面啦！我是你们的好朋友"慧行"！欢迎你们学习第十三课《公正——从轮流值日做起》，我们一起来聊聊"公正"。

公正，自古以来就是人们向往和追求的一种理想的社会状态，它是国家和社会应然的根本价值理念。那么什么是公正呢？在《说文解字》中，"公"表示平分东西，是公有、公平的意思；"正"的本义是向前走，可以理解为正直、正义。因而"公正"指的就是公平正义，没有偏私。我国历史上公正不阿的人物有很多，其中最为著名的应该是"包青天"包拯。

当你完成每个环节的学习任务并且获得"轮""流""值""日"四张字卡时，就能获得本课的红领巾小奖章"公正章"呢！

第一板块：红领巾讲故事

包拯公正执法

包拯是我国北宋时期的一名大臣，因为廉洁公正，敢于替百姓申冤做主，打抱不平，被大家尊称为"包青天"。对于任何触犯法律的人，上至公侯将相，下至黎民百姓，他都毫不留情地查办。相传当时的一位地方官员任井，利用自己的职权，让当地士兵给他干私活。士兵们不是被吩咐织造缎匹，就是被命令干一些杂务。后来任井的这种行为被人告发。根据宋朝的法律，他犯了"公器私用"的罪，这也是一种大罪，要被罚钱和充军。皇帝知道了这件事情以后，认为任井先前为朝廷立下了大功劳，于是就只罚了任井一些钱而没有将其发配充军。

针对这种判罚，包拯认为很不合法，于是他向皇帝上书说："知州是一方的行政长官。他们要是知法犯法的话，就不能对他们轻罚了事。否则的话，国家律法就没有了公平性可言。"皇帝听了包拯的话，认为他说的在理，于是就收回了成命，并且按照法律的规定将任井发配充军了。

亲爱的少先队员们，看到这里，你们的心里是否会有这样的疑惑：包拯这样做是不是太铁面无私、不近人情了？

少先队员活动：红领巾爱思考

　　请大家想一想，如果包拯不公正执法，对于百姓和官员犯法不能一视同仁，可能会导致什么样的后果呢？请在"留言板"上写下你的观点吧！

　　没错，也许百姓会怨天载道，也可能会让别的官员认为有机可乘违背国法，这样最终损害的是百姓的利益。包拯判案公正严明，做到了铁面无私，这切实维护了老百姓的利益，又守住了法律的权威，因而也才有这样一个能被世代歌颂的"铁面无私包青天"。

少先队员活动：红领巾小感悟

　　听了包拯公正执法的故事你大概已经有了一些思考，现在请把你的小感悟写在"留言板"上吧！

| 1 | 你觉得包拯是一个怎样的人？你喜欢他吗？ |
| 2 | "公正"对我们的生活产生了怎样的影响？你觉得它重要吗？ |

第二板块：红领巾有话说

　　亲爱的少先队员们，学到这里，你是否会跟我有一样的疑惑，"公正"似乎离我们有些遥远呢。

少先队员活动：红领巾小发现

　　现在请你回想一下，在平时的学习和生活中，你有没有在什么地方或者什么时候见到过"公正"的影子？又或者是看到或者听说过关于"公正"的人和事？把你的发现写在"留言板"上吧！

　　其实呀，如果我们用心去观察，就会发现"公正"就在我们的身边，比如，我们最常见的"轮流值日"。轮流，指的是按次序一个接一个地重复。大家还记得我们学过的《羿射九日》这篇神话故事吗？相传远古时期天上挂着十个太阳，他们轮流值日给世界带来光明和温暖，然而，突然有一天他们决定要一起出来值日，打破了轮流值日的规矩，同时也打破了公正和秩序，给世界带来了巨大的灾难。因此，别看"轮流值日"是一件小事，做好了它也能让我们的生活变得更加美好和有序。

少先队员活动：红领巾小妙招

亲爱的少先队员们，如何做好轮流值日呢？又如何在轮流值日中发现和守护公正呢？相信参加过轮流值日的你一定有不少好经验、好点子，快来支支招，把小妙招写在锦囊袋上吧！

轮流值日小妙招	
妙招范围（打"√"）	我的妙招内容
制定规则（　）	
遵守规则（　）	
合理分工（　）	
善意提醒（　）	
主动参与（　）	
互相帮助（　）	
……	

你们的妙招都太棒了！老师把你们的妙招整理成了一份秘籍送给大家，相信它会帮助你们在轮流值日中收获更大的公正和快乐。

1.合理安排轮值日，承担责任不推脱。我们首先可以根据班级人数和值日的需要确定每天值日的人数，按照一定的人数分成值日小组，由整个中队一起协商制定好值日的规则，人人共同遵守，每个小组值日一天，以此循环往复。这样对于每个队员来说，一个学期值日的次数都是一样的，也就是对每个人都是公平的。轮到自己值日的那天，我们就要遵守规则，积极主动地履行好值日生的职责，不找借口逃避推脱。这样既守护了我们自身的公平，也守护了他人的公平。

2. 分工合作轮角色，善意提醒不偏袒。对于每个值日小组，我们可以每次轮流做值日小组长，小组长的职责是帮助提醒大家工作，并且在值日的最后检查大家的成果。作为小组长，看到偷懒的队员我们要勇于指出他们的错误，组员做不到位的地方我们也要注意提醒，帮助他们做得更好。不因为和某一个队员的关系好就纵容他，也不因为和某一个同学关系不好而打压他，做到不偏袒不徇私。作为组员，我们要做好自己的本职工作，当其他队员遇到比较艰巨的任务时我们也要挺身而出主动帮助别人。例如，擦桌子的时候，如果你的速度快一点，而别人还没有擦完，我们就主动地去帮助他；或者拖地遇到比较脏比较难拖的地方，我们也要主动伸出援手，我为人人，人人为我……只有这样，我们才能既提醒别人，又能收到别人善意的提醒，既帮助了别人，也能得到别人的帮助，这才做到了守护公平正义。

3. 主动参与轮服务，互帮互助促和谐。不是我们值日的时候，是不是就可以事不关己高高挂起了呢？答案显然是否定的。不是我们值日的时候，我们首先要从自身做起，努力做好个人清洁，保持自己的桌面和座位整洁，没有垃圾，为值日的队员减少工作量。与此同时，我们要树立起主动服务的意识，当看到别人值日的时候，主动上前询问别人需不需要帮助，热情地伸出援助之手。如果我们都能做到主动服务，那就意味着我们也能经常享

受到他人的服务。我们的社会也会因此变得越来越美好，而这才
是我们追求的公正的美好状态。

少先队员活动：红领巾小回顾

  亲爱的少先队员们，如何在轮流值日中发现公正，
聪明的你都记住了吗？请选择你认为正确的选项。（多
选题）   （ ）

  A 合理安排轮值日，承担责任不推脱。
  B 分工合作轮角色，善意提醒不偏袒。
  C 主动参与轮服务，互帮互助促和谐。

  谢谢大家的热情参与，辅导员把轮流值日的锦囊编成了一首
儿歌送给大家：

    小值日，大道理；讲分工，懂合作。
    你打水，我擦桌；你扫地，我整理。
    勤劳动，勇担责；善提醒，互帮助。
    校园美，师生乐；守公正，牢记心！

第三板块：红领巾在行动

  亲爱的少先队员们，让我们传承好中华优秀文化，践行好社
会主义核心价值观，从轮流值日做起，一起来实践。

少先队员活动一：寻找身边的"最美值日生"

遵守规则，认真值日、认真劳动的你是最美的，我们都拍过艺术照、家庭照，试一试拿起相机拍一拍你身边认真值日的同学吧！

少先队员活动二：我的轮流值日评价表

从今天起，请你遵守班级轮流值日的要求，每一次值日时对照表格写明时间和具体的值日任务，并对自己的值日表现进行自我评价和他人评价。5 个金帚表示"非常认真"，4 个金帚表示"比较认真"，3 个金帚表示"一般认真"，2 个金帚表示"不太认真，需要加油"，1 个金帚表示"非常不认真，需要加油"，对照你的表现给你的金帚涂上你喜欢的颜色吧！比一比谁获得的小金帚最多哦！大家加油吧，"慧行"与你一起出发！

"公正——从轮流值日做起"评价表

中队（   ）   姓名（   ）

公正—— 从轮流值日做起	我的值日 任务	自我评价	他人评价
第一次值日 （ 年 月 日）		🧹🧹🧹🧹🧹	🧹🧹🧹🧹🧹
第二次值日 （ 年 月 日）		🧹🧹🧹🧹🧹	🧹🧹🧹🧹🧹
第三次值日 （ 年 月 日）		🧹🧹🧹🧹🧹	🧹🧹🧹🧹🧹

续表

公正—— 从轮流值日做起	我的值日 任务	自我评价	他人评价
第四次值日 （　年　月　日）		🧹🧹🧹🧹🧹	🧹🧹🧹🧹🧹
第五次值日 （　年　月　日）		🧹🧹🧹🧹🧹	🧹🧹🧹🧹🧹
第六次值日 （　年　月　日）		🧹🧹🧹🧹🧹	🧹🧹🧹🧹🧹
第七次值日 （　年　月　日）		🧹🧹🧹🧹🧹	🧹🧹🧹🧹🧹
第八次值日 （　年　月　日）		🧹🧹🧹🧹🧹	🧹🧹🧹🧹🧹
第九次值日 （　年　月　日）		🧹🧹🧹🧹🧹	🧹🧹🧹🧹🧹
第十次值日 （　年　月　日）		🧹🧹🧹🧹🧹	🧹🧹🧹🧹🧹
总计（单位：把）			

恭喜你完成第十三课学习任务，获得了"轮""流""值""日"四张字卡，还获得了红领巾小奖章"公正章"，继续加油，完成下一课的学习吧！

践行社会主义核心价值观，

从"我"做起，从"小"做起，

让我们从小学先锋，长大做先锋，一起行动起来吧！

"公正——从轮流值日做起"，这一课我们就聊到这，

亲爱的少先队员们，再见！

第十四课 公 正

从民主投票做起

大家好，我们如约又在"公正篇"见面啦！我是你们的好朋友"慧行"！相信通过学习上一课《公正——从轮流值日做起》，知行合一的你已经集齐"轮""流""值""日"四张字卡获得奖章了。

那么，除了轮流值日外，提起公平、公正我们还想到哪些事情呢？让我们种出一棵公正树吧！

今天，我们一起聊聊《公正——从民主投票做起》吧！

说到民主投票，你最先想到的是什么？是中队委、大队委选举投票吗？又或者是作品评选呢？辅导员要说的可不是这些，请你和"慧行"一起来学习吧！

当你完成每个环节的学习任务并且获得"民""主""投""票"四张字卡时，就能获得本课的红领巾小奖章"公平章"呢！

我的小提案被采纳了！

全国首个"红领巾号"公交站台在成都落地

2020年5月29日，全国首个"红领巾号"公交站台在成都高新区中和街道正式投入使用。

2019年11月，高新区启动了"十佳红领巾小提案"征集活动，面向全区少先队员就绿色公园城市、社区发展治理、天府文化传承、少年儿童成长四大主题征集小提案。其中，中和小学少先队员胡艾杨展示的"中和最美公交站"小提案，以"如何把公交站的服务功能做得更加人性化"为切入点，开展了中和街道公交站需求调查，并建议对中和街道一些老旧公交站进行改造，除了增添文化元素外，还希望能够为公交站增设座椅、遮雨棚等便民设施。最终，在有关部门的指导下，根据胡艾杨的小提案设计的全国首个"红领巾号"公交站台在成都高新区中和街道投入使用。

"红领巾号"公交站台的建设、投入使用，是不是让我们感觉到非常惊讶并大受鼓舞呢？

2021年2月3日，《中共中央关于全面加强新时代少先队工作的意见》公布。这份新时代少先队工作的行动纲领明确指出，强化少先队员的小主人意识和参与能力，坚持把实践育人作为少先队教育的基本形式，促进少先队员在集体中健康成长，使少先队教育与学校教育、家庭教育、社会教育相互配合、相得益彰。

胡艾杨发扬主人翁意识，细心观察到了老旧公交站不能满足人们的需要，认真提出了改造的建议，是我们少先队员的小先锋，是少先队员学习的好榜样。

少先队员活动：红领巾小发现

亲爱的少先队员们，大到国家、社会，小到学校和中队，我们都能发扬主人翁精神，你有没有参加过民主投票和举手表决呢？赶快把你的故事写在"留言板"上吧！"慧行"正等着欣赏你的"慧言"呢！

我眼中的民主投票
我参加过的民主投票：书面投票（　）举手表决（　）无（　）
我参加过的民主投票：
我对民主投票的看法：

第二板块：红领巾有话说

少先队员们都有一双善于发现的火眼金睛，做到积极建言献策，发挥小主人作用，帮助中队和校园变得越来越好，但有时候也陷入迷茫，提案投票或选举投票，怎么样才能做到有效投票呢？其实啊，是有妙招的，我们一起来学一学吧！

话题一：当你作为中队投票代表参加学校少先队大队部选举时，你会怎么做？

我会＿＿＿＿＿＿＿＿＿＿＿＿＿＿＿＿＿＿＿＿＿。

相信少先队员们会认真听取大队辅导员的发言，弄明白大队部各部门做什么、选几个、怎么选？如果什么都不清楚的话，投票行动就会过于随便，没有达到认真评选的目的，这个民主投票的步骤就是了解投票活动目的、要求及做法。

 少先队员活动：活学活用get

你参加过哪些投票活动？你知道它的具体情况吗？

_____

_____

话题二：当你发现竞选大队委宣传委员的两位候选人小华和鹏鹏表现十分相近，可最终只能选一个，你该怎么办？

我会_____。

少先队员们，同一个岗位只选举一个名额，两位候选人表现都很棒，怎么样才能选出真正适合的人呢？

声音一：选小华，因为他是我们中队的？No！民主投票是要选出最优秀、最适合的人，而不是选关系近的。

声音二：鹏鹏在竞选中积极阐述了当选后的美好计划，就选他了？No！不能把竞选表现作为决定的唯一标准。

辅导员建议使用的妙招：先明白岗位的责任和要求，再看候选人是否有相关或类似的经历，做得怎么样，选择更适合的。宣传委员的职责是组织、管理大队广播、电视台、黑板报等小组，定期出板报；负责队室、橱窗等宣传阵地的布置工作；负责宣传国内外大事，宣传少先队里的好人好事等。鹏鹏一直是中队的宣传委员，还是学校红领巾广播站的成员，学校里的各种艺术活动都能看到他的作品，当然更适合宣传委员这一职位。这就告诉我们，民主投票要选择更适合的人。

 少先队员活动：活学活用get

少先队员们，你们有没有遇到投票选择困难的时候？说一说你最后是怎么投票的。

相信大家都知道该如何民主投票了。下面让我们回顾一下如何才能真正做到有效投票吧！

1. 了解投票目的、对象、要求及做法。

2. 多方面了解情况，选择更适合的人。

 少先队员活动：红领巾小妙招

亲爱的少先队员们，关于民主投票你还有哪些小妙招呢？除了独立思考外，你还可以和小队里面的队员展开"民主投票小妙招"头脑风暴，你来我往间碰撞出思维的火花，别忘了及时写下小妙招哦！"慧行"和小伙伴一样都在期待看到你的实用小妙招哦！

民主投票小妙招	
妙招范围（打"✓"）	我的妙招内容
了解投票目的（　）	
了解投票对象（　）	
了解投票程序（　）	
了解投票结果（　）	
其他　　　　（　）	

第三板块：红领巾在行动

小提案，大声音；小声音，大影响；小体验，大收获。

亲爱的少先队员们，少年儿童是祖国的未来、中华民族的希望。对个人来说，提案和民主投票积极反映我们的心声，是关注和发扬民主意识、主人翁精神的体现；对社会和国家来说，提案和民主投票是推动百姓幸福、国家长治久安的必要举措。通过这一课的学习，希望少先队员们能多发扬主人翁精神，学习践行民主投票，做建设社会主义现代化强国的生力军！

最后，让我们一起来完成"红领巾小提案"和"红领巾小寻访"两项活动吧！相信你们一定会认真完成任务，争做有为公正的好少年，争取"公正达人章"！

少先队员活动：红领巾小先锋

小提案，有力量			
提案人		年龄	
所在学校		所在中队	
提案类别		提案题目	
提案内容			
有关建议			
评价要素：	生活联系紧密度		建议操作容易度
自我评价：	涂红送（ ）朵小红花		涂红送（ ）朵小红花
父母评价：	涂红送（ ）朵小红花		涂红送（ ）朵小红花
队员评价：	涂红送（ ）朵小红花		涂红送（ ）朵小红花

说明：提案类别为①学习②安全③娱乐（含网络使用）④权益保护⑤心理健康⑥少先队活动创新⑦其他。

少先队员活动：红领巾小先锋

小寻访，涨力量！亲爱的少先队员们，请你走一走，问一问，在"留言板"上完成以下内容吧，表格或手抄报等形式不限哦！

队员姓名		所在中队		
陪同寻访人姓名		联系电话	辅导员	
寻访活动日期		寻访对象	寻访地点	
寻访对象简介				
寻访纪实	内容包括：对寻访对象的初步印象；听一听他们在投票方面经历的一些事情；他获得的感受；你获得的启发。可以以对话的形式记录下来，别忘记附上寻访照片哦！			

恭喜你完成第十四课学习任务，获得了"民""主""投""票"四张字卡，还获得了红领巾小奖章"公平章"，继续加油，完成下一课的学习吧！

践行社会主义核心价值观，

从"我"做起，从"小"做起，

让我们从小学先锋，长大做先锋，一起行动起来吧！

"公正——从民主投票做起"，这一课我们就聊到这，

亲爱的少先队员们，再见！

第十五课　法　治

从学习宪法做起

亲爱的少先队员们，大家好，我们又见面啦！我是你们的好朋友"慧行"。欢迎你们学习第十五课，我们一起来聊一聊"法治"。

什么是"法治"呢？我们一起到字源中去寻找答案吧！在《说文解字》中，"法"是执法公平；"治"泛指治理、管理。这两个字合在一起，就是用法律治理国家。宪法是我国的根本大法，所以我们学习法治，要先从学习宪法做起。

亲爱的少先队员们，当你完成每个环节的学习任务并且获得"学""习""宪""法"四张字卡时，还能获得本课的红领巾小奖章"法治章"呢！

第一板块：红领巾讲故事

《中华人民共和国宪法》的诞生

1953 年 12 月 24 日下午 3 点多钟，在由北京开往浙江杭州的专列上，毛泽东爷爷对同行的公安部部长罗瑞卿，中央办公厅主任杨尚昆，秘书陈伯达、胡乔木、田家英等同志们这样说："治国，须有一部大法。我们这次去杭州，就是为了能集中精力做好这件立国安邦的大事。"

1953 年 12 月 27 日，毛爷爷和起草小组成员们到达了杭州市北山街 84 号大院，便全身心投入到宪法的起草工作中。在起草宪法时，毛爷爷特别强调："要让能听的人听得懂，能看的人看得懂。让老百姓都能理解宪法。"

宪法研究小组的同志们，根据当时的历史情况以及人民群众的真切需求，对《宪法》文本进行字斟句酌。历经近两个月，1954 年 2 月 17 日形成的宪法初稿被送到了北京，这部初稿又被亲切地称为"五四宪法杭州稿"。

宪法初稿从提出到最终通过，引发了数月的热烈讨论，参加人数多达 1.5 亿，占当时全国人口的四分之一，各方提出的意见达百万余条。

1954 年 9 月 20 日，第一届全国人民代表大会第一次会议上，《中华人民共和国宪法》全票通过，因为是在 1954 年颁布的，史称"五四宪法"。

亲爱的少先队员们，就这样，历经艰难，我国第一部宪法终于诞生了！

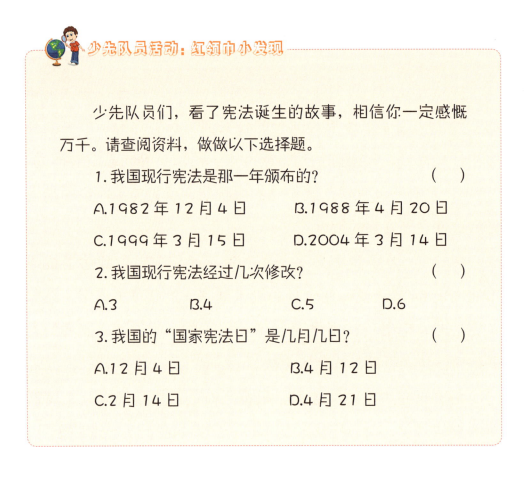

少先队员活动：红领巾小发现

少先队员们，看了宪法诞生的故事，相信你一定感慨万千。请查阅资料，做做以下选择题。

1.我国现行宪法是那一年颁布的？ （ ）

A.1982年12月4日　　B.1988年4月20日

C.1999年3月15日　　D.2004年3月14日

2.我国现行宪法经过几次修改？ （ ）

A.3　　　B.4　　　C.5　　　D.6

3.我国的"国家宪法日"是几月几日？ （ ）

A.12月4日　　　B.4月12日

C.2月14日　　　D.4月21日

第二板块：红领巾有话说

少先队员们，说到《中华人民共和国宪法》，很多人觉得她就像是高悬在空中的美丽气球，看上去很美、很给力，但总觉得离我们的现实生活很遥远，真的是这样的吗？

下面，就和"慧行"一起来看看宪法是如何"说"的吧！

我们先来看看几个值得关注的年龄段：

当我们呱呱坠地时，宪法中这样规定："凡具有中华人民共和国国籍的人都是中华人民共和国公民。中华人民共和国公民在法律面前一律平等。"

当我们到了适学年龄，宪法中这样强调："中华人民共和国公民有受教育的权利和义务。国家培养青年、少年、儿童在品德、智力、体质等方面全面发展。"

18 岁那年，我们成年了！宪法中这样规定："中华人民共和国年满十八周岁的公民，不分民族、种族、性别、职业、家庭出身、宗教信仰、教育程度、财产状况、居住期限，都有选举权和被选举权；但是依照法律被剥夺政治权利的人除外。"

我们毕业了，要找工作了！宪法中这样规定："中华人民共和国公民有劳动的权利和义务。"

要和心仪的他步入婚姻的殿堂，宪法中这样规定："禁止破坏婚姻自由。"

时间真快，转眼，到退休年龄了，宪法中这样规定："退休人员的生活受到国家和社会的保障。"

亲爱的少先队员们，2016 年 12 月 4 日，五四宪法历史资料陈列馆在浙江杭州北山街 84 号大院 30 号楼的旧址上落成。开馆仪式上特别宣读了习近平爷爷的重要指示："宪法是国家的根本法，是治国安邦的总章程，是党和人民意志的集中体现。"习爷爷说："要坚持从青少年抓起，把宪法法律教育纳入国民教育体系，引导青少年从小掌握宪法法律知识、树立宪法法律意识、养成遵法守法习惯。"

🔍 少先队员活动：红领巾小发现

　　关于宪法与我们生活的关系，你有什么想说的吗？欢迎你通过"留言板"，写下自己的想法！

_____

_____

_____

_____

　　少先队员们，为了增强全社会的宪法意识，弘扬宪法精神，加强宪法实施，全面推进依法治国，我们国家把每年的 12 月 4 日定为"国家宪法日"。2014 年 12 月 4 日是首个"国家宪法日"。设立"国家宪法日"，是一个重要的仪式，传递的是"依宪治国""依宪执政"的理念。

　　少先队员们，现在你还觉得宪法离我们很远、很"高冷"吗？我们生活在这个伟大的时代，宪法将陪伴我们的一生，她就是我们一生的守护神！那你准备怎么学习和宣传宪法呢？请你与小队里面的队员开展一个"学习宪法小妙招"的研究，把小妙招写在锦囊袋上吧！

少先队员活动：红领巾小妙招

学宪法，我行动	
辅导员来示范 1	看一看：观看宪法晨诵
辅导员来示范 2	唱一唱：《宪法伴我成长》
我的小·妙招	写一写：
我的小·妙招	画一画：
我的小·妙招	拍一拍：
我的小·妙招	访一访：
我的小·妙招	辩一辩：

少先队员们，尊崇宪法、学习宪法、遵守宪法、维护宪法、运用宪法是我们共同的责任。从"宪"在开始，点燃学法热情吧！

第三板块：红领巾在行动

亲爱的少先队员们，春雨春风春满园，法治教育谱新篇！习近平爷爷说，学习宪法要坚持从青少年抓起，把宪法法律教育纳入国民教育体系，引导青少年从小掌握宪法法律知识、树立宪法法律意识、养成尊法守法习惯。

亲爱的少先队员们，让我们牢记习近平爷爷的谆谆教诲，一起来完成"送你一朵小红'法'"打卡活动吧！相信认真的你肯定会完成任务，用行动点亮小红"法"，争做守法好少年，争取"法治章"！

恭喜你完成第十五课学习任务，获得了"学""习""宪""法"四个字卡，还获得了红领巾小奖章"法治章"呢！继续加油，完成下一课的学习吧！

践行社会主义核心价值观，

从"我"做起，从"小"做起，

让我们从小学先锋，长大做先锋，一起行动起来吧！

"法治——从学习宪法做起"，这一课我们就聊到这，

亲爱的少先队员们，再见！

第十六课 法 治

从遵守规则做起

亲爱的少先队员们，大家好，我们又见面啦！我是你们的好朋友"慧行"！上一课我们学习了宪法诞生的故事，明白了宪法与我们每个人的日常生活息息相关，相信你们都获得了"法治章"！

我们的《道德与法治》这门课程中的法治教育是要让大家在能够理解的范围内树立法治意识，从小有法治思维，有自由、平等的意识；从小敬畏、信仰法律，懂得法律至上，规则至上，做人才有敬畏感，做事才会讲规则。作为少先队员的我们，怎样才能树立法治意识，从小有法治思维呢？现在，我们一起学习第十六课，从"遵守规则"这一方面继续来聊聊"法治"吧！

当你在完成每个环节的学习任务并且获得"遵""守""规""则"四张字卡时，还能获得本课的红领巾小奖章"规则章"呢！

第一板块：红领巾讲故事

周恩来爷爷冒雨借书

1960年8月的一天，大雨倾盆，来北戴河图书室借书的人自然不多，图书管理员小王坐在空荡荡的图书室里。

电话铃响了，打电话的人要借一本世界地图和几本书，说是要研究一个问题。小王抱歉地告诉他："这几本书按照规定不能外借，您如果需要，可以到图书室来看。"

对方只好把电话挂上。这时，窗外的雨又下大了，"不会有人来借书了吧。"小王想着。

忽然，图书室的门被推开了，一个人走进了图书室。他手里的雨伞流着水，挽起的裤脚也已经湿透。他把雨伞放到墙边，微笑着向小王走来，请小王把世界地图和几本参考书借给他看看。当小王把书捧给这位同志的时候发现：借书人居然是周总理！

周恩来爷爷朝小王微笑地点点头。小王喃喃地说："总理，真对不起您。我不知道是您要借这些书，我应该给您送去，不该让您在大雨里跑来借书，耽误您宝贵的时间。"

"哎，小同志，你把书管得很好嘛！"周恩来爷爷笑着回答，"有一套制度，这样很好。没有章程制度办不好事，而且为了看书，淋点雨、走点路根本不算什么。"周恩来爷爷说完，就拿起书坐在桌边认真地查阅起来。

 少先队员活动：红领巾小发现

少先队员们，请你们想一想，周恩来爷爷冒雨去图书室说明了什么呢？ （　　）

A 周恩来爷爷喜欢冒雨去图书室。

B 周恩来爷爷遵守图书室的规章制度。

C 周恩来爷爷去责备小王。

遵守规则是美德。无论高低贵贱，年龄大小，规则面前人人平等，规则就是人人应当遵守的规范和准则。

第二板块：红领巾有话说

童谣：红灯停绿灯行

红灯停，绿灯行。

黄灯亮了，等一等。

先左后右看一看，

一定要走斑马线。

交通规则小诗歌

遵守交规，储蓄安全，心无交规，路有坎坷。

狭路相逢，让字当头，礼让礼让，人车无恙。

违章超速，危机四伏，违章超载，得不偿失。

酒后驾车，拿命赌博，一次车祸，一生痛苦。

处罚违章，毫不留情，遵守交规，关爱生命。

居安思危，有备无患，生命一次，平安一生。

亲爱的少先队员们，红灯停绿灯行，对我们每一个人都很重要，自觉遵守交通规则，是对自己的生命健康负责，也是对父母亲友负责，更是对他人和社会负责。如果有人不遵守交通规则，小则造成道路堵塞，影响正常通行，大则造成人员伤亡。自觉遵守红灯停绿灯行，让我们从小争做文明交通小模范！请你们认真想一想，我们在生活还有哪些常见的规则呢？

少先队员活动：红领巾爱思考

	场合、地点	规则图标	规则内容
辅导员来示范	马路		红灯停，绿灯行，黄灯等一等。
规则1			
规则2			
规则3			
规则4			
规则5			

是的，规则无处不在。社会是由千千万万、形形色色、大大小小的规则组成的复杂的框架体系。

那么，我们为什么需要这么多的规则呢？喜爱玩游戏的你们想想为什么要有游戏规则呢？是的，游戏规则的制定与遵守能保证大家公平顺当地做游戏，感受游戏的快乐。当之前的规则不合理时，我们可以调整规则；当一种新的游戏出现，就制定新的规则，规则产生于我们的需要。

少先队员活动：规则对对碰

少先队员们，请你们动手连一连，看看下面这些规则，它们出现的意义是什么？

疫情期间避免人群聚集

上下楼梯靠右行　　　　　　　保障大家的生命安全

安静阅读

感冒咳嗽要佩戴口罩

不随地吐痰　　　　　　　　　保障大家的身体健康

进入工地要佩戴安全帽

文明游园

不攀爬栏杆　　　　　　　　　保障大家都能享用公共资源

文明参观

　　少先队员们，以后遇到各种规则，都可以多思考规则背后的意义和作用。制定和遵守各种各样的规则才能保证社会生活、学校生活、家庭生活有序、安全、和谐、文明，才能建设和谐社会。

少先队员活动：红领巾小妙招

　　规则既保护自己，又保护他人。知规则，守规则，快来跟辅导员一起挑战一下吧！亲爱的少先队员们，你们还有哪些自觉遵守规则的小妙招呢？欢迎留言补充哦！

　　建议：通过画规则、说规则、拍一拍、听新闻、写一写、辩一辩、定家规等方式来学习和遵守规则。

知规则，守规则	
辅导员来示范 1	定闹钟：比如周末只看 20 分钟的动画片，时间到了，立刻关电视。
辅导员来示范 2	劝一劝：当身边有人没有遵守规则时，劝说身边的人遵守规则。
我的小·妙招	
我的小·妙招	
我的小·妙招	
我的小·妙招	
我的小·妙招	

 第三板块：红领巾在行动

亲爱的少先队员们，我们成长的过程也是获得自由的过程。只有通过增强自己的规则意识，强化自己遵守规则的行为，我们才能合理安排自己的学习和生活，形成健康的人格，获得真正的自由。

践行社会主义核心价值观，一起来行动吧！从今天起，请你常常问自己："今天，我遵守规则了吗？"请你在生活中多多观察不同场合的规则，然后举例说说遵守规则的好处，违背规则的代价或后果。你可以把践行中的收获、体会、趣事说一说、写一写，或者拍照片、拍视频记录下来。最后，让我们一起来完成一个每周遵守规则的体验活动吧！

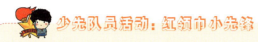

少先队员活动：红领巾小先锋

"细说社会主义核心价值观"
遵守规则活动记录卡
中队（　　）　　　姓名（　　）

时间	地点	规则	是否遵守
第一天			
第二天			
第三天			
第四天			
第五天			
第六天			
第七天			
整体评价 （信号灯 评价）	自我评价 （点亮红灯）	○○○○○○○	
	小队评价 （点亮绿灯）	○○○○○○○	
	辅导员评价 （点亮黄灯）	○○○○○○	
获评"规 则小达人"	是（　　）否（　　）		
说明：从你坚持的第一天算起，把遵守规则的小事记下吧！七天之后邀请身边的人给自己做一个整体评价，如果交通信号灯全部点亮，恭喜你就是"规则小达人"哟！ ☺			

 恭喜你完成第十六课学习任务，获得了"遵""守""规""则"四张字卡，还获得了红领巾小奖章"规则章"！继续加油，完成下一课的学习吧！

践行社会主义核心价值观，

从"我"做起，从"小"做起，

让我们从小学先锋，长大做先锋，一起行动起来吧！

"法治——从遵守规则做起"，这一课我们就聊到这，

亲爱的少先队员们，再见！

第十七课 爱 国

从热爱国旗做起

亲爱的少先队员们，我是你们的好朋友"慧行"，很高兴，我们又见面啦！欢迎你们学习第十七课《爱国——从热爱国旗做起》，我们一起来聊聊"爱国"。

什么是爱国呢？我们一起到字源中去找找答案吧！在字源中，"爱"字形像一个人双手捧"心"，"国"字形像以武器守卫城邑。"爱国"两个字合在一起，就是热爱我们共同生活的这片国土疆域，是表达对这片土地、人民、政权浓烈、炽热的情感。国旗是国家的标志和象征。热爱国旗，是爱国最直接、最质朴的表达方式。中华人民共和国的国旗是五星红旗。

当你完成每个环节的学习任务并且获得"热""爱""国""旗"四张字卡时，就能获得本课的红领巾小奖章"爱国章"呢！

第一板块：红领巾讲故事

武磊叔叔：国旗上不能签名

武磊叔叔作为目前中国球员在欧洲五大联赛的唯一代表，他承载着所有中国球迷的热切期望，他在球场内外的一举一动都备受外界关注。一次，因为拒绝在国旗上签名，武磊叔叔登上了热搜。

武磊叔叔所效力的西班牙人队赴英国参加季前热身赛。在赛前，有不少当地的中国球迷迎接武磊叔叔抵英，并希望得到他的签名。其中一位球迷希望武磊叔叔在助威的国旗上签名时，武磊叔叔立刻予以拒绝，并表示国旗上不能签名。虽然如此，但他依然热情地在球迷的球衣上签名并与球迷合影。

央视网称赞道："什么是优质偶像？脚下有技术，心中有国家，赛场勇拼搏，举止识大体。这，就是优质偶像。"

 少先队员活动：红领巾小发现

通过武磊叔叔拒在国旗上签名的故事，你发现有哪些值得我们为他点赞的举动？动动手，在你认同的选项括号内打"√"，为武磊叔叔擦亮一座闪闪的足球奖杯吧！

1. 中华人民共和国国旗是中华人民共和国的象征和标志。每个公民和组织，都应当尊重和爱护国旗。武磊叔叔拒绝在国旗上签名是爱护国旗，维护国家尊严的体现。（　　）

2. 武磊叔叔虽然拒绝了球迷在国旗上签名的要求，但依然热情地在球衣上签名并与球迷合影，体现了武磊叔叔对祖国同胞的包容与尊重。（　　）

3. 武磊叔叔不仅在赛场上凭借出色球技赢得国内外球迷和媒体的支持，在场外尊重国旗、热爱祖国的举动也将中华民族的爱国主义精神传递给世界。他德才兼备，是值得我们学习的好榜样！（　　）

4. 小细节显大情怀。生活处处都可以照亮爱国心。热爱祖国不是一句口号，它不分时空，不分角色，不分大小，需要我们用心观察，付之行动！（　　）

恭喜你为武磊叔叔擦亮了一座足球奖杯，你太棒了！

第二板块：红领巾有话说

《中华人民共和国国旗法》你知多少？

亲爱的少先队员们，为维护国旗的尊严，规范国旗的使用，增强公民的国家观念，弘扬爱国主义精神，培育和践行社会主义核心价值观，根据我国宪法，中华人民共和国第七届全国人民代表大会常务委员会第十四次会议于 1990 年 6 月 28 日通过了《中华人民共和国国旗法》，自 1990 年 10 月 1 日起施行，2020 年 8 月进行了重新修订。

《国旗法》规定，中华人民共和国国旗旗面为红色，旗的形状为长方形，旗面的长与高为三与二之比，旗面左上方缀黄色五角星五颗。四颗小五角星环拱在一颗大五角星的右面，并各有一个角尖正对大星的中心点。请各小组在课后共同制作一面标准的中华人民共和国国旗，比一比哪个小组做得最好。

学校一周要举行几次升旗仪式呢？《国旗法》中明确规定，学校除假期外，每周举行一次升旗仪式，在升旗仪式过程中，应当奏唱国歌。国旗上升，在场人员应当面向国旗肃立，行注目礼或者按要求敬礼，不得有损害国旗尊严的行为。下面出现的问题让我们一起来解答吧！

1. 单选题：升旗仪式开始了，在国旗徐徐上升时，小明背着书包穿过跑道匆匆忙忙跑进班级的队伍。请问小明的做法对吗？（　）

A. 对，迟到了就应该抓紧时间跑到班级队伍。

B. 错，当国旗升起时，应放下书包，就地肃立，面向国旗敬队礼。

C. 错，应该边唱国歌，边跑进班级队伍。

正确答案：B　你答对了吗？

国旗可以用于商业宣传和广告吗？答案是不可以！在《国旗法》中明确提出，国旗及其图案不得用作商标和广告，不得用于个人丧事活动等。破坏国旗是违法犯罪的事情。一切公民和组织，都应当尊重和爱护国旗国徽，维护国旗国徽的尊严。

2. 多选题：仔细辨别，你能找出以下哪些行为属于违法行为？（　）

A. 使用不合格的国旗，在国旗上涂画。

B. 让鲜艳的五星红旗迎风飘扬。

C. 将国旗及其图案用于商业广告。

D. 将国旗扔进大海。

正确答案：ACD　你答对了吗？

少先队员活动：红领巾小妙招

　　亲爱的少先队员们，我们胸前飞扬的红领巾，有着和国旗一样的颜色。入队时辅导员告诉我们，红领巾是红旗的一角，是少先队员最光荣的标志。每位少先队员都要佩戴好红领巾，在中国共产党的指引下，热爱自己的祖国，为共产主义事业时刻准备着。在我们的日常学习和生活中，你是如何做到尊重和爱护红领巾的呢？把你们所知道的红领巾礼仪知识通过图片或文字分享给大家吧！

第三板块：红领巾在行动

　　亲爱的少先队员们，爱国，首先从热爱国旗做起。热爱国旗不是一句口号，而是需要我们落实到学习生活的方方面面，做到人人心中有国旗、敬国旗！时时刻刻爱国旗、护国旗！向国旗敬礼，就是在向祖国致敬！让我们一起行动起来吧！

少先队员活动：红领巾小先锋

我和红旗有个"约定"

参与方式：根据自身实际情况，选择合适的项目进行参与，让你的好伙伴和辅导员来给你点赞吧！

我和红旗有个"约定"	约定	自我评价	队员评价	辅导员评价
德	拍一拍：我和国旗合个影 说一说：与父母或长辈分享关于国旗的故事	☆☆☆	☆☆☆	☆☆☆
智	看一看：观看电影《建国大业》或《我和我的祖国》 读一读：阅读小说《红岩》或朗读《我爱这片土地》	☆☆☆	☆☆☆	☆☆☆
体	走一走：实地走访身边的历史博物馆，了解党史国史	☆☆☆	☆☆☆	☆☆☆
美	唱一唱：学唱一首爱国歌曲或演奏一首爱国乐曲	☆☆☆	☆☆☆	☆☆☆
劳	画一画：绘制一面国旗	☆☆☆	☆☆☆	☆☆☆

恭喜你完成第十七课学习任务，获得了"热""爱""国""旗"四张字卡，还获得了红领巾小奖章"爱国章"！继续加油，完成下一课的学习吧！

践行社会主义核心价值观，

从"我"做起，从"小"做起，

让我们从小学先锋，长大做先锋，一起行动起来吧！

"爱国——从热爱国旗做起"，这一课我们就聊到这，

亲爱的少先队员们，再见！

第十八课　爱　国

从爱校爱家做起

亲爱的少先队员们，大家好，我们又见面啦！我是你们的好朋友"慧行"！欢迎你们学习第十八课。上一课讲了《爱国——要从热爱国旗做起》。今天与大家聊聊"爱国"，也可以从爱校爱家做起。

亲爱的少先队员们，不论身在何处，身处何时，我们都要热爱自己的祖国，维护国家尊严，履行自己身为公民应尽的义务和责任。"爱国"不是仅挂在嘴上，更应该放在心上，用心去体会，更要用行动去践行爱国主义精神。

当你在完成每个环节的学习任务并且获得"爱""校""爱""家"四张字卡时，还能获得本课的红领巾小奖章"自强章"呢！

第一板块：红领巾讲故事

厦门大学"校主"陈嘉庚爷爷

2021 年 4 月 6 日，厦门大学建校 100 周年之际，中共中央总书记习近平爷爷致信祝贺厦门大学建校 100 周年。习近平爷爷在贺信中指出，厦门大学是一所具有光荣传统的大学，100 年来，学校秉持爱国华侨领袖陈嘉庚先生的立校志向，形成了"爱国、革命、自强、科学"的优良校风，打造了鲜明的办学特色，培养了大批优秀人才，为国家富强、人民幸福和中华文化海外传播作出了积极贡献。

厦门大学由著名爱国华侨领袖陈嘉庚爷爷于 1921 年创办，和中国共产党同年而生，是中国近代教育史上第一所华侨创办的大学。他召集各界爱国志士 300 余人，倡办厦大，并当场认捐 400 万银元，后来还曾卖掉自己的三座大厦作为维持厦门大学的经费。厦门大学是为国而生，陈嘉庚爷爷将袁世凯接受丧权辱国的"二十一条"的"国耻日"5 月 9 日选为厦大奠基日，以此告诫厦大学子"勿忘国耻，发奋为国"。厦大词典里有一个特殊词汇——"校主"，指的就是陈嘉庚爷爷，是为了将他的训言和精神永续流传。100 年来，学校秉承"自强不息，止于至善"的校训，以服务国家、服务人民为己任，先后为国家培养了 40 多万优秀人才。2017 年厦门大学入选中国 36 所 A 类一流大学建设高校，化学、海洋科学、生物学、生态学和统计学 5 个学科入选"双一流"建设学科名单。

少先队员活动：红领巾小发现

我的小发现

陈嘉庚爷爷兴办厦门大学的爱国表现有：

厦门大学 100 年来取得的成就体现在爱国方面的有：

亲爱的少先队员们，实业救国，兴办教育是陈嘉庚爷爷对中华民族最深沉的爱，他认为这是从根本上让中华民族站起来的非常重要的途径。你发现了吗？"校主"陈嘉庚爷爷兴办厦门大学以及厦门大学取得成就就是爱国的表现呢！

爱国不是简单的口号，从"心"感受，体现在日常的行为中。爱国从好好学习开始，为努力成为合格的社会主义建设者和接班人而时刻准备着！

 第二板块：红领巾有话说

爱国可以从大处着眼，也可以从身边小事做起。代表中国队参加一场奥运会，为国家科研奋斗，为国争光；看到家乡发展变化，引以为荣；听到国歌响起，肃然起敬，这些都是爱国的表现。

在以下场景中出现的行为，是否是爱校爱家的表现呢？少先队员们，让我们一起判断对错，说出自己内心的感受吧！

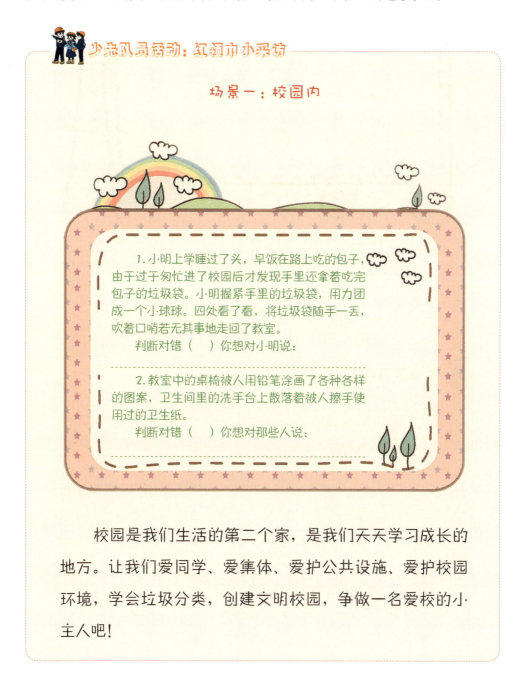

少先队员活动：红领巾小采访

场景一：校园内

1. 小明上学睡过了头，早饭在路上吃的包子，由于过于匆忙进了校园后才发现手里还拿着吃完包子的垃圾袋。小明握紧手里的垃圾袋，用力团成一个小球球。四处看了看，将垃圾袋随手一丢，吹着口哨若无其事地走回了教室。

判断对错（ ）你想对小明说：

2. 教室中的桌椅被人用铅笔涂画了各种各样的图案，卫生间里的洗手台上散落着被人擦手使用过的卫生纸。

判断对错（ ）你想对那些人说：

校园是我们生活的第二个家，是我们天天学习成长的地方。让我们爱同学、爱集体、爱护公共设施、爱护校园环境，学会垃圾分类，创建文明校园，争做一名爱校的小主人吧！

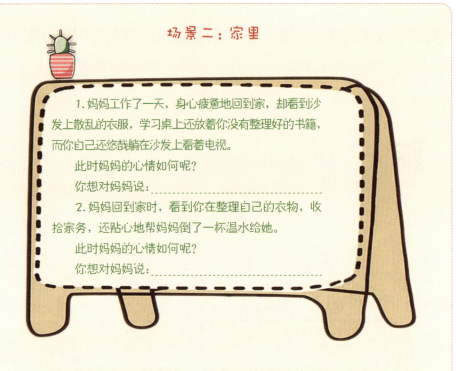

场景二：家里

1.妈妈工作了一天，身心疲惫地回到家，却看到沙发上散乱的衣服，学习桌上还放着你没有整理好的书籍，而你自己还悠哉躺在沙发上看着电视。

此时妈妈的心情如何呢？

你想对妈妈说：_____

2.妈妈回到家时，看到你在整理自己的衣物，收拾家务，还贴心地帮妈妈倒了一杯温水给她。

此时妈妈的心情如何呢？

你想对妈妈说：_____

主动帮助家里做家务，做力所能及的事情，为家里人带来快乐和幸福。家家都幸福了，社会就和谐了。

 少先队员活动：红领巾小妙招

亲爱的少先队员们，以下关于爱校、爱家的小妙招和大家一起分享，在完成小妙招的后面打"√"！

内容	完成后（打"√"）
1.整理自己的学习用品，制定学习时间计划表。	
2.与同学之间友好相处，课堂或校园中要用适量的音量去讲话，做到不影响他人。	
3.爱护校园环境卫生，爱惜学校公共设施，做校园小主人。	

续表

内容	完成后 (打"✓")
4.叠好一次衣服。	
5.扫好每一次地。	
6.洗干净每一个碗。	
7.帮助班级擦黑板。	
8.给绿植浇水。	
9.为有困难的同学提供力所能及的帮助。	
10.每天给自己定个小目标,完成一件有意义的事,以积极的态度去迎接每一天。	
11.每天问问自己:"今天我进步了吗?""今天我是否为家庭、为学校、为班级做了有意义的事呢?"	

亲爱的少先队员们,恭喜你们完成了以上内容,爱校、爱家可以从以上内容中归结出以下三点:

1.做坚持自律的小主人,不影响他人。

2.做服务他人的小能人,让别人因为你的存在而感到幸福。

3.做向上向善的小公民,每天进步一点点。

 第三板块:红领巾在行动

家是最小国,国是千万家,让我们传承好中华优秀传统文化,践行好社会主义核心价值观。最后,让我们一起来完成每周爱校爱家的体验活动吧！

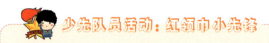

少先队员活动：红领巾小先锋

爱国——分享生活中的幸福
爱国——从爱校爱家做起
中队（　　）　　姓名（　　）

亲爱的少先队员们，从今天起，每天服务他人或为集体做一件小事，让你的家，因为你的参与变得更加温暖、幸福；让你的学校，因你的服务变得更加文明、美丽。爱国，从爱校爱家做起，快去记录你爱校爱家的精彩瞬间吧！

范围	打卡内容	周一	周二	周三	周四	周五	周六	周日	收获
爱家	整理衣物								
	打扫卫生								
	掌握一项家务技能								
	参与了其他劳动								
爱校	乐于助人								
	爱护校园环境								
	参加了其他服务								
其他	做力所能及的、有意义的一件事								
评价	自强之星（　　）　　加油努力（　　）								
说明	从你坚持的第一天算起，七天后邀请爸爸、妈妈、老师或同学和你对照表格逐项打"√"。如果每天或经常做到，恭喜你就是"自强之星"；如果有时做到或很少做到，那么你就得加油努力哟！								

恭喜你完成第十八课学习任务，获得了"爱""校""爱""家"四张字卡，还获得了红领巾小奖章"自强章"！继续加油，完成下一课的学习吧！

践行社会主义核心价值观，

从"我"做起，从"小"做起，

让我们从小学先锋，长大做先锋，一起行动起来吧！

"爱国——从爱校爱家做起"，这一课我们就聊到这，

亲爱的少先队员们，再见！

第十九课　敬　业

从写好作业做起

亲爱的少先队员们，大家好，我们又见面啦！我是大家的好朋友"慧行"！欢迎你们继续学习第十九课，今天我们一起来聊聊"敬业"的事儿。

什么是敬业呢？我们一起到字源中去找答案吧！在《说文解字》中，"敬"，本义是警告、慎重，引申为尊重。"业"，本义指古代乐器架子的横板，后引申为学业、职业等义。"敬业"二字合起来就是指对待自己的工作、学业等要认真负责。"敬业"一词最早出现在《礼记·学记》："三年视敬业乐群。"意思是学生入学三年后，要考察他是否专心于学业，能否和同学和睦相处？可见，敬业是一种处事态度，是一种对待事情认真、负责的心态。对于学生来说，读书学习就是当下最主要的事情。所以，亲爱的少先队员们，敬业——从写好作业做起吧！当你完成每个环节的学习任务并且获得"写""好""作""业"四张字卡时，就能获得本课的红领巾小奖章"敬业章"呢！

第一板块：红领巾讲故事

"泥痴"的故事

在天津有一位玩泥巴的高手，他叫陈文君。他从小就爱和泥土打交道。因为发自内心的喜欢，他拜师傅学习了一门特别的手艺——捏泥人，多年来，他一直痴迷于泥人工艺的研究和制作，人送雅号"泥痴"。30 多年来，陈文君先生收集和设计制作的泥人模具有 1000 多个品种，作品中朴素的农民、古代名人、神话传说中的人物，一个个栩栩如生、活灵活现。为了学到各门派泥塑的艺术，他曾到莱州、无锡、天津等地拜师学艺，积累了许多宝贵素材。一份捏泥巴的工作，他一干就是几十年，日复一日地坚持，让他创造出了很多经典的泥塑作品。也许手里活灵活现的小泥人，就是他眼中闪亮的星光。

 少先队员活动：红领巾小发现

还有许多这样的普通人，因为热爱而闪光。他们有的在传承着祖辈们留下的东西，有的在延续着扎根于民间的文化，有的在耕耘着属于自己的那片沃土。不同的他们，同在演绎着一个又一个精彩。正是因为有了他们，我们的生活也变得如此绚烂，他们也是我们身边的普通人。亲爱的少先队员们，请你去探寻一下这些精彩的故事，说一说你的感受吧！

"泥痴",我想对您说

您的雅号是"泥痴",我却很佩服您,因为:

_____

_____

_____

第二板块:红领巾有话说

亲爱的少先队员们,读完"泥痴"的故事后,你明白了什么是敬业精神了吗?嘘!先别急着回答。我们每个人都有不同的身份,在家里你是家庭成员,在学校你是学生,在社会你是公民。你有没有想过,我们在享受着各种关怀的同时,是否也有一些责任和义务呢?我们一起来做一个头脑风暴小游戏,请你跟我一起完成思维导图:

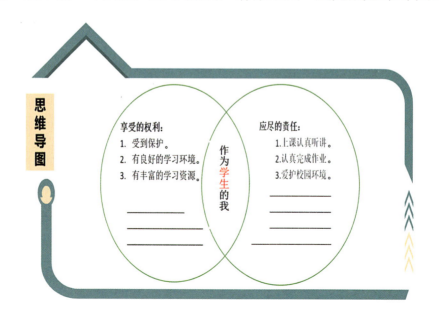

思维导图

享受的权利:
1. 受到保护。
2. 有良好的学习环境。
3. 有丰富的学习资源。

作为
学生
的我

应尽的责任:
1.上课认真听讲。
2.认真完成作业。
3.爱护校园环境。

你看，敬业就这么简单，好好学习、认真完成作业就是作为学生的我们的头等大事啦！但现实生活里，总有些同学喜欢拖拖拉拉，把写作业当成是"大人"布置的任务，甚至还有让父母代劳的。学习是自己的事情，写作业更是我们的"分内之事"，你说是不是呢？

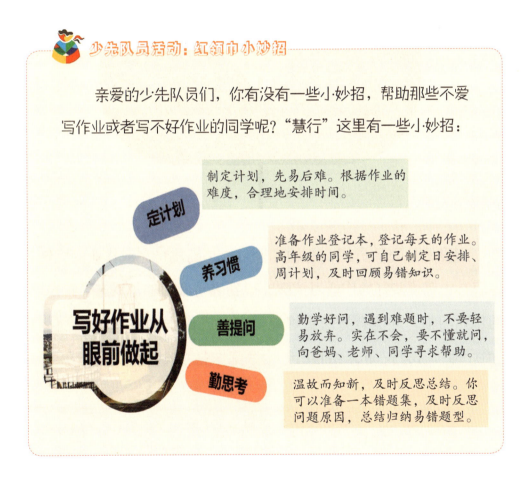

亲爱的少先队员们，你有没有一些小妙招，帮助那些不爱写作业或者写不好作业的同学呢？"慧行"这里有一些小妙招：

定计划　制定计划，先易后难。根据作业的难度，合理地安排时间。

养习惯　准备作业登记本，登记每天的作业。高年级的同学，可自己制定日安排、周计划，及时回顾易错知识。

善提问　勤学好问，遇到难题时，不要轻易放弃。实在不会，要不懂就问，向爸妈、老师、同学寻求帮助。

勤思考　温故而知新，及时反思总结。你可以准备一本错题集，及时反思问题原因，总结归纳易错题型。

亲爱的少先队员们，你们有更好的方法和经验吗？请你与小队里面的队员开展一个"写好作业小妙招"的研究，把小妙招写在"智慧之花"的花瓣上吧！

　　亲爱的少先队员们，好的作业习惯是高质量完成作业的关键，你们心中有哪些好的作业习惯呢？说到容易做到难，只有了解自己的作业习惯，才能有方法更好地提高完成作业的效率。请你化身"治疗师"，我们一起来给自己开个家庭作业习惯诊断单吧！

家庭作业习惯自我诊断单

日期：＿＿＿＿年＿＿＿＿月＿＿＿＿日

预计完成时间	语文：＿＿＿（已完成　未完成）
	数学：＿＿＿（已完成　未完成）
	英语：＿＿＿（已完成　未完成）
	＿＿：＿＿＿（已完成　未完成）
影响作业完成因素	1. 拖延 2.＿＿＿＿ 3.＿＿＿＿ 4.＿＿＿＿ 5.＿＿＿

续表

家庭作业习惯自我诊断单
日期：_____ 年 _____ 月 _____ 日

我的改进方法：

_____

我邀请 _____ 作为学习小助手，提醒我养成好的学习习惯！

自我评价：_____，我会继续养成

作业好习惯，提高学习效率。

亲爱的少先队员们，从现在开始"对症下药"，积极主动地克服拖延、粗心等坏习惯，养成坚持每天自主完成作业，有计划、有章法的高效学习的好习惯。写作业对你来说就是件轻松的事情，把每一项作业当作作品对待，你会收获超多的成就感哦！

第三板块：红领巾在行动

亲爱的少先队员们，让我们传承好中华优秀传统文化，践行好社会主义核心价值观，一起来实践吧！孟子曾经说过这样一句话："路虽远，不行则不至；事虽小，不为则不成"。把每一件简单的事情做好，就是不简单。同学们，千里之行，始于足下，让我们一起行动吧！"敬业"就从写好你的每一次作业做起。现在开始，认真完成每一次作业吧！最后让我们一起来完成一个每周作业打卡活动吧！相信认真的你肯定会完成任务，用行动获得"敬业章"，成为自律小达人！

少先队员活动：红领巾小先锋

活动：做好作业记录卡

中队（　　　）　　　姓名（　　　）

	是否 按时完成	是否 按质完成	是否 独立完成	是否 高效完成
周一				
周二				
周三				
周四				
周五				
周六				
周日				

恭喜你完成第十九课学习任务，获得了"写""好""作""业"四张字卡，还获得了红领巾小奖章"敬业章"！继续加油，完成下一课的学习吧！

践行社会主义核心价值观，

从"我"做起，从"小"做起。

让我们从小学先锋，长大做先锋！

"敬业——从写好作业做起"，这一课我们就聊到这，

亲爱的少先队员们，再见！

第二十课　敬　业

从热爱劳动做起

亲爱的少先队员们，大家好，我们又见面啦！我是大家的好朋友"慧行"！欢迎你们学习第二十课，让我们一起来聊聊关于"敬业"的那些事吧！

"敬业"的基本意思就是恪尽职守，大致包括两个内容：一是热爱、敬重自己所从事的工作，并引以为豪；二是深入钻研，精益求精。也许队员们会心存疑惑：我们还是小学生，还没有参加工作，怎么去"敬业"呢？其实啊，小学生也有自己要从事的"业"：在家在校的各种学习活动，是我们的学习任务，需要认真钻研；在家在校的劳动，是我们的劳动任务，热爱劳动、恪尽职守地完成劳动任务，也是一种敬业的表现哦！

当你完成每个环节的学习任务并且获得"热""爱""劳""动"四张字卡时，就能获得本课的红领巾小奖章"劳动章"哦！

"一屋不扫，何以扫天下？"

东汉太傅陈蕃 15 岁的时候，曾经独自一人住在一个庭院里习读诗书。有一天，他父亲的一位老朋友薛勤来看他，当看到院里杂草丛生、房间里杂乱无章时，就问陈蕃："小伙子，你为什么不整理、打扫房间来迎接客人？"陈蕃回答："大丈夫处理事情，应当以扫除天下的祸患这件大事为己任。为什么要在意一间屋子呢？"这回答让薛勤暗自吃惊，知道陈蕃虽年少却胸怀大志。感悟之余，就劝陈蕃说："一屋不扫，何以扫天下？"陈蕃听了觉得很有道理。从此，他开始注意从身边小事做起，最终成为一代名臣。

亲爱的少先队员们，读了这个故事，你们从陈蕃爷爷身上得到什么启发呢？你们一定更加清晰地认识到热爱劳动的意义了！是啊，如果在年少的时候连简单的劳动都不去做或者说做不好，还谈什么长大后成就大事呢？

 少先队员活动：红领巾小发现

说到劳动，每年的五一国际劳动节，对于我们来说，是值得盼望的日子，因为可以有几天假期。但是，劳动节的由来及真正的意义，我们可能并不了解，下面就让我们一起来看看你对这个节日了解有多少吧！

1. 劳动节知识知多少？

（1）五一国际劳动节是（　　）劳动人民共同拥有的节日。

A 美国　　　　　　B 中国　　　　　　C 全世界

（2）1920 年 5 月 1 日，是中国历史上的第（　　）个劳动节。

A 一　　　　　　B 二　　　　　　C 三

（3）（　　），我国把每年的 5 月 1 日定为法定劳动节。

A1920 年 5 月　　B1949 年 5 月　　C1949 年 12 月

2. 我知道和劳动有关的特殊日子。

（　　）月（　　）日（　　）月（　　）日（　　）月（　　）日
（　　）日　　　　　　（　　）节　　　　　　（　　）节

爱劳动　做好事　义务植树　保护生态　所有劳动者的节日

 第二板块：红领巾有话说

幸福在哪里

幸福在哪里

朋友啊告诉你

它不在柳荫下

也不在温室里

它在辛勤的工作中

它在艰苦的劳动里

幸福就在你晶莹的汗水里

幸福在哪里

朋友啊告诉你

它不在月光下

也不在睡梦里

它在辛勤的耕耘中

它在知识的宝库里

幸福就在你闪光的智慧里

少先队员劳动：红领巾小广播

亲爱的少先队员们，每当唱起"幸福的生活从哪里来？要靠劳动来创造"这支歌时，你会想到什么呢？小喜鹊靠劳动为自己建造新房子，小蜜蜂靠劳动换来甜美的蜜糖，是劳动为我们带来幸福的生活，劳动最光荣！

作为小学生，我们的劳动可能不像大人那样直接创造财富，但是它可以培养我们的优良品质。少先队员们，让我们从现在开始，做个热爱劳动的小队员，培养劳动技能，来说说自己的劳动技能妙招吧！

少先队员活动：红领巾小妙招

热爱劳动小妙招	
妙招范围（打"√"）	我的劳动技能妙招内容
内务整理　（　　）	
做饭洗碗　（　　）	
物品归整　（　　）	
种植养护　（　　）	
垃圾分类　（　　）	
手工制作　（　　）	
衣物洗涤　（　　）	
卫生清理　（　　）	

看来少先队员们都从劳动中增长了知识，为你们点赞！是的，劳动创造了美！劳动创造了美好的生活！

第三板块：红领巾在行动

热爱劳动是中华民族的传统美德，亲爱的少先队员们，让我们传承好中华优秀传统文化，践行好社会主义核心价值观，一起来实践吧！生活靠劳动创造，人生也靠劳动创造。劳动是一切幸福的源泉。让我们在党的阳光哺育下，在美好的学习生活中，从今天做起，从自我做起，从点滴做起，从小事做起，争做一名热爱劳动的小能手！

最后让我们一起来完成劳动体验活动吧！

 少先队员劳动：红领巾小先锋

活动：任选其中一项完成

1.叠被子比赛

要求队员本人独立完成，尽量不接受
他人帮助。（评分标准：被子上下两层厚度
与宽度相等。被面：平整、不能有褶皱。）

2.寻找最美劳动身影

劳动是人间最亮丽的风景线，幸福的
生活要靠劳动来创造。少先队员们，擦亮
我们的眼睛，寻找我们中队里最爱劳动的
队员是谁？客厅里、厨房里爸爸妈妈忙碌
的身影或者各行各业劳动时的最美画面，
用你的相机记录下来。

3.为家人做一道美食

一粥一饭，当思来之不易。请亲爱
的少先队员们自己采购食材，为家人制
作一道美食。

劳动达人记录卡：敬业——从热爱劳动做起		
中队（　　）　　姓名（　　）		
热爱劳动小能手		
打卡七天	坚持每天一劳动	
集赞 （任选一项）	叠被子比赛　　　（　）	以小·视频的形式展示在中队群里
	寻找最美劳动者　（　）	抓拍同学、家人、环卫工人等劳动者劳动画面
	为家人做一道美食（　）	以小·视频或图片的形式展示在中队群里
打卡天数（　）		
综合评价：劳动能手（　）继续努力（　）		

李晓桃工作室

恭喜你完成第二十课学习任务，获得了"热""爱""劳""动"四张字卡，还获得了红领巾小奖章"劳动章"！继续加油，完成下一课的学习吧！

践行社会主义核心价值观，

从"我"做起，从"小"做起，

让我们从小学先锋，长大做先锋，一起行动起来吧！

"敬业——从热爱劳动做起"，这一课我们就聊到这，

亲爱的少先队员们，再见！

第二十一课　诚　信

从按时还书做起！

亲爱的少先队员们，大家好，我是你们的好朋友"慧行"！欢迎你们学习第二十一课《诚信——从按时还书做起》。

什么是诚信呢？我们一起到字源中去找找答案吧！"诚"，本义是真心实意；"信"，本义是诚实。这两个字合在一起就是，为人处世真诚诚实，实事求是，信守承诺。诚信是中华民族的传统美德，国无诚信不强，业无诚信不兴，家无诚信不和，人无诚信不立。

当你完成每个环节的学习任务并且获得"按""时""还""书"四张字卡时，就能获得本课的红领巾小奖章"诚信章"啦！

第一板块：红领巾讲故事

宋濂借书

宋濂是元末明初著名政治家、文学家、史学家、思想家，他小时候喜欢读书，但是家里很穷，也没钱买书，只好向人家借书来看。每次借书，他都讲好了归还的期限，按时还书，从不违约，人们都乐意把书借给他。一次，他借到一本书，越读越爱不释手，便决定把它抄下来。他母亲说："孩子，都半夜了，这么寒冷，天亮再抄吧。人家又不是等这书看。"宋濂说："不管人家等不等这本看，到期限就要还，这是个信用问题，也是尊重别人的表现。如果说话做事不讲信用，失信于人，怎么可能得到别人的尊重。"

少先队员活动：我做小判官

亲爱的少先队员们，听完《宋濂借书》这个故事，请用你的火眼金睛和"慧行"一起来判断对错吧！

1. 宋濂连夜抄书是因为爱书。 （ ）

2. 宋濂抄书是为了练字。 （ ）

3. 宋濂抄书是为了遵守诺言，因为中国有句俗话："有借有还，再借不难。" （ ）

4. 按时归还图书就是诚实守信，是获得别人尊重的一个小秘诀哦！ （ ）

少先队员活动：红领巾小发现

亲爱的少先队员们，请说说你身边还有哪些是诚信的表现呢？请将自己的小·发现写在"留言板"上吧！

请借助你的"慧眼"，说说生活中还有哪些是诚信的表现呢？	
序号	我发现的诚信事
1	
2	
3	

 第二板块：红领巾有话说

我们已经知道，诚信就是"言必信，行必果"。说到做到，言而有信，就像宋濂一样，按说好的时间，到期限就要还，这是信用问题，做人如果不讲诚信，又怎么会得到别人的尊重呢？

亲爱的少先队员们，诚信是一种品格，是一种责任，明礼诚信，争当学习和践行社会主义核心价值观的小模范。诚信是一种良好的品质，我们要从现在做起，从小事做起，从点滴做起，争做诚信的小先锋！

少先队员活动：红领巾小妙招

亲爱的少先队员们，诚信如此重要，关于诚信，就让我们从按时还书做起吧！相信你一定有不少好经验、好点子，请和你的小伙伴们讨论讨论，针对按时还书来支支招，请把小妙招写在"留言板"上吧！

按时还书小妙招		
妙招范围（打"✓"）		我的小妙招
借阅同学图书按时归还	（ ）	
借阅班级图书和流动书车图书按时归还	（ ）	
借阅学校图书馆图书按时归还	（ ）	
借阅社会图书馆图书按时归还	（ ）	
我的补充：		

亲爱的少先队员们，你们的这些小妙招真是太棒了！

"慧行"也给大家提供了一些借阅图书按时归还的小贴士：

1. 爱惜图书，按时归还。

2. 不在图书上乱涂乱画，不折页不破损。

3. 图书丢失或者破损要照价赔偿。

4. 按时还书，保护自己的信誉。

诚信是一种自我约束的品质，不是简单的一件事或一句话就能检验得出的，诚信就像我们的第二张身份证，如影随形。言而有信，按时还书。你可别小瞧按时还书，把每一件简单的事情做好，就是不简单哦！

第三板块：红领巾在行动

亲爱的少先队员们，诚信是一扇通往成功的门，我们应当好好把握它，让它助你一臂之力，走向成功。让我们传承中华优秀传统文化，践行社会主义核心价值观，一起来实践吧！从今天起，请你常常问自己："我今天说谎话了吗?"

请把你和你身边爱书惜书、讲信用、实践诺言的小故事讲给大家听吧！"慧行"将一直为你加油，见证你争做按时还书小先锋、获取"诚信章"的点滴努力呢！

少先队员活动：红领巾小先锋

诚信记录卡：诚信——从按时还书做起

争章任务 诚信——从按时还书做起	😊 自我 评价	😊 家长 评价	😊 小队 评价	😊 辅导员 评价	😊 综合 评价
周一					
周二					
周三					
周四					
周五					

续表

争章任务 诚信——从按时还书做起	😊 自我 评价	😊 家长 评价	😊 小队 评价	😊 辅导员 评价	😊 综合 评价
周六					
周日					
"诚信章"获得	是（　）否（　） 获得 20 个😊及以上，综合评价可争得"诚信章"。				

恭喜你完成第二十一课学习任务，获得了"按""时""还""书"四张字卡，还获得了红领巾小奖章"诚信章"！继续加油，完成下一课的学习吧！

践行社会主义核心价值观,

从"我"做起,从"小"做起,

让我们从小学先锋,长大做先锋,一起行动起来吧!

"诚信——从按时还书做起",这一课我们就聊到这,

亲爱的少先队员们,再见!

第二十二课 诚 信

从信守诺言做起！

亲爱的少先队员们，大家好，我们又见面啦！我是你们的好朋友"慧行"，欢迎你们学习第二十二课《诚信——从信守诺言做起》。上一课我们学习了《诚信——从按时还书做起》，知道了借别人的东西按时归还属于诚信的内容。今天，我们就从信守诺言的角度来继续聊聊"诚信"吧！

当你完成每个环节的学习任务并且获得"信""守""诺""言"四张字卡时，就能获得本课的红领巾小奖章"践行章"啦！

第一板块：红领巾讲故事

赵柔卖梨

从前，有个叫赵柔的人，他一生因信守诺言而被世人称赞。有一天，赵柔和儿子一起到集市上去卖梨，一个人想出 20 匹绢买下梨。

双方谈好了价钱后，那个人就回去取绢了。

这时又来一个商人，觉得赵柔的这个梨质量好，便要出 30 匹绢买下梨。赵柔的儿子见这个商人出的价钱高，就想将梨卖给他。

赵柔对儿子说："怎么能因为有利可图就抛弃信用呢？"没过一会儿，第一个商人来了，赵柔父子便按原来议定的价格把梨卖给了他。

少先队员活动：我做小舵手

　　亲爱的少先队员们，听完《赵柔卖梨》这个故事，你们对赵柔有什么想说的呢？请写在下面吧！

_____

_____

_____

少先队员活动：红领巾小发现

亲爱的少先队员们，请将自己的小发现写在"留言板"上吧！

序号	我发现信守诺言的人和事
请借助你的"慧眼"，说说生活中还有哪些信守诺言的人和事呢？	
1	
2	

第二板块：红领巾有话说

亲爱的少先队员们，诚信像一本好书，教给我们许多知识；诚信像一盏明灯，照亮我们前进的方向；诚信像一支画笔，描绘我们人生的美好图画。

少先队员活动：红领巾小妙招

亲爱的少先队员们，诚信如此重要，请你们想想什么是诚信的表现呢？请和小伙伴们讨论讨论，针对信守诺言支支招。

续表

信守诺言小妙招	
妙招范围（打"√"）	我的小妙招
在生活中信守诺言：约定不迟到（　）	
在班级中信守诺言：认真做值日（　）	
在学校里信守诺言：考试要诚信（　）	
我的补充：	

亲爱的少先队员们，你们还有哪些诚信的小妙招呢？

欢迎留言补充哦！

 第三板块：红领巾在行动

　　亲爱的少先队员们，我们成长的过程就是不断战胜自我的过程。态度决定方向，心灵指引行动。队员们要脚踏实地，从小事做起，践行诚信。上课不迟到，作业按时保质完成，只有严于律己，从每件小事出发，用诚信的标尺来衡量自己，我们才能在此后的人生中保有诚信的品德。让我们传承好中华优秀传统美德，践行好社会主义核心价值观吧！一起来实践，从今天起，请你们常常问自己:"我今天是否信守诺言了?说到做到了吗?"

请把你们身边讲信用、实现诺言的小故事讲给大家听吧!"慧行"将一直为你们加油,见证你们争做信守诺言小先锋、获取"践行章"的点滴努力呢!

少先队员活动:红领巾小先锋

诚信记录卡:诚信——从信守诺言做起

争章任务 诚信——从信守 诺言做起	自我 评价	家长 评价	小队 评价	辅导员 评价	综合 评价
周一					
周二					
周三					
周四					
周五					
周六					
周日					
"践行章"获得	是（　）否（　） 获得 20 个☺及以上,综合评价可争得"践行章"。				

恭喜你完成第二十二课学习任务，获得了"信""守""诺""言"四张字卡，还获得了红领巾小奖章"践行章"！继续加油，完成下一课的学习吧！

践行社会主义核心价值观，

从"我"做起，从"小"做起，

让我们从小学先锋，长大做先锋，一起行动起来吧！

"诚信——从信守诺言做起"，这一课我们就聊到这，

亲爱的少先队员们，再见！

第二十三课　友　善

从真诚微笑做起!

亲爱的少先队员们，我是你们的好朋友"慧行"，很高兴我们又见面啦！欢迎你们学习第二十三课，我们一起来聊聊"友善"吧！

什么是友善呢？我们一起到字源中去找找答案吧！你看，在《说文解字》中，同志为"友"，"善"为"吉祥、美好"。友善是指人与人之间的亲近和睦，它是一种对人的态度和品格，它是中华民族的传统美德。

当你完成每个环节的学习任务并且获得"真""诚""微""笑"四张字卡时，就能获得本课的红领巾小奖章"微笑章"啦！

第一板块：红领巾讲故事

六尺巷

安徽桐城有个"六尺巷"，曾有这样一个典故。

清代大学士张英的家人与吴姓邻居为住宅边界的事，把官司打到县衙。张家人写信到京城求告张英。张英收到信后，在信上写诗一首寄回老家："一纸书来只为墙，让他三尺又何妨。长城万里今犹在，不见当年秦始皇。"家人收到信后，豁然开朗，主动撤诉，让出三尺地。吴家见了非常感动，也让出三尺来。于是在两家之间就形成了一个六尺宽的巷子，成为佳话，这就是有名的"六尺巷"。让他三尺又何妨，这是邻居之间和睦相处的不二法门。退一步，海阔天空，这个故事，也能给我们更多其他启示。

 少先队员活动：红领巾小发现

　　亲爱的少先队员们，听了《六尺巷》这个故事，你觉得为什么要提倡"友善"？"友善"在行为上主要有些什么表现呢？

　　亲爱的少先队员们，请你们进行小组讨论，并将队员或自己的小发现写在"留言板"上吧！

我发现的"友善"	
对于个人来说	友善会让人 （ ）
对于家庭来说	友善会让家庭 （ ）
对于社会来说	友善会让社会 （ ）
对于国与国之间来说	友善会让国家之间 （ ）
友善在行为上表现为	

　　友善能增进人与人之间的沟通，家人之间的和睦，社会发展的安宁，国与国之间的和平。让一让、帮一帮、笑一笑都是友善的一种表现，下边我们就来具体说说微笑这件事吧！

第二板块：红领巾有话说

　　少先队员们，生活中，你是不是见过这样的现象，你见到一位熟人跟他热情打招呼的时候，他却面无表情，不做任何回应，一副冷冰冰的样子，此时，你的心情如何呢？心里一定有些失落吧。假如看到一位面带微笑，向你热情打招呼的人，你的心情又是如何呢？

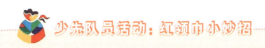

少先队员活动：红领巾小妙招

　　亲爱的少先队员们，如何做到真诚微笑、友善待人呢？请你与小队里面的队员开展一个"真诚微笑小妙招"的研究，把小妙招写在锦囊袋上吧！期待看到你的精彩小妙招哦！

真诚微笑小妙招	
我们的小妙招（打"✓"）	我们是这样做的
在问好声音中真诚微笑（　）	
在发现美好中真诚微笑（　）	
在心怀感恩中真诚微笑（　）	
在包容大度中真诚微笑（　）	
在逆境困难中真诚微笑（　）	
我的补充：	

"慧行"有话说

　　1. 在问好声音中真诚微笑。每天清晨，见到师长主动问好，伴随着问好声报以真诚微笑。比如见到老师，说声"老师好！"见到长辈，说声"爷爷好！奶奶好！叔叔好！阿姨好！……"一声问好，微笑自然而然就产生了。

　　2. 在发现美好中真诚微笑。有些同学会说，生活日复一日、年复一年，没有新鲜与惊喜感，可如果你用心去感受，去发现身边的小惊喜、小幸福，幸福感就会油然而生。比如，看到有人主动让座、有人向你微笑、有人伸出援手；比如看到小动物可爱调皮的样子、看到天边美丽变幻的云彩时，你感受到了它们的可爱、美丽时，禁不住由衷地微笑。只要你善于发现身边的美，用心感受这个多彩的世界，去感受周围人的真诚与善良时，就会感受到快乐与满足，并发自肺腑地微笑。

3.在心怀感恩中真诚微笑。我们不是孤立地生活在这个世界上，我们每天总会和各种各样的人产生联系，进行沟通，建立信任。让我们心怀感恩之心，对那些给予自己关心和帮助的人说声"谢谢"，送上微笑是一种良好的道德和修养。比如每天面对为我们打扫卫生的环卫工人，为我们成长付出的父母、老师等，面对他们的辛勤付出，不要以为理所当然，要心怀感恩，真诚地说声"谢谢"，并致以最真诚的微笑，去回应他们、回馈他们吧！

4.在包容大度中真诚微笑。同学们，在与人相处中，不可避免地会产生小摩擦、小矛盾，也有被人误解、指责和埋怨的时候，我们是据理力争、以牙还牙呢？还是报之一笑、主动化解呢？金无足赤，人无完人，我们对他人多一些包容与大度，对他人的致歉报以微笑，对他人的不理解报以微笑，就会减少摩擦，避免矛盾升级，促进人与人之间的和谐呢！

5.在逆境困难中真诚微笑。人的一生不可能一帆风顺，在生活中，我们看到一些人在顺境中、在获得成就与满足感时开心快乐，但是遇到挫折、失败时却垂头丧气，一蹶不振。其实逆境与困难是磨炼我们意志、增长我们知识、提升我们格局，让我们成长的另一种机会和途径，所以学会与困难共处，笑一笑，向着未来前进吧！

微笑是一种生活方式，也是一种生活态度，真诚地微笑是与他人化解矛盾、建立联系、增进了解、获得信任的一剂良方，是人类最美的语言，是世间最强的力量，它可是"友善"的好姐妹呢！让我们一起来真诚微笑吧！当微笑时，别忘了眼睛要真诚地看着对方，嘴角上扬哟！

第三板块：红领巾在行动

亲爱的少先队员们，让我们传承好中华优秀传统文化，践行好社会主义核心价值观，一起来实践吧！从今天起，请你常常问自己："今天我微笑了吗？"请把你真诚的微笑送给家人和周围的人，然后说说在你真诚微笑后发生了哪些改变？得到了哪些收获呢？

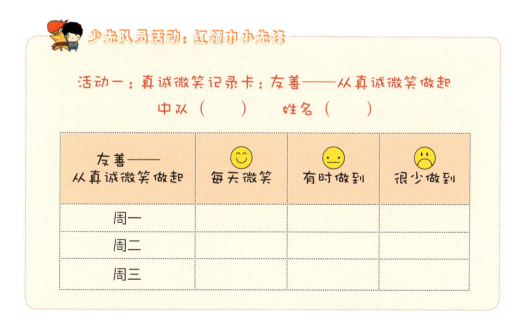

少先队员活动：红领巾小先锋

活动一：真诚微笑记录卡：友善——从真诚微笑做起

中队（ ） 姓名（ ）

友善——从真诚微笑做起	😊 每天微笑	😐 有时做到	🙁 很少做到
周一			
周二			
周三			

续表

友善—— 从真诚微笑做起	😊 每天微笑	😐 有时做到	🙁 很少做到
周四			
周五			
周六			
周日			

自我评价：微笑之星（　　）
　　　　　加油努力（　　）

父母评价：微笑之星（　　）
　　　　　加油努力（　　）

说明：从你坚持的第一天算起，七天后邀请爸爸、妈妈、小队成员和你对照表格逐项打"√"。如果每天或经常做到，恭喜你就是"微笑之星"；如果有时做到或很少做到，那么你就得加油努力哟！
坚持每天真诚微笑。我是"红领巾微笑小使者" 😊！

活动二：寻找身边的"最美微笑者"

我们在记录打卡，为自己点赞的同时，别忘了留心观察身边那些真诚微笑的人。让我们拿起相机，拍一拍你身边爱笑的人，寻找身边的"最美微笑者"吧！

恭喜你完成第二十三课学习任务，获得了"真""诚""微""笑"四张字卡，还获得了红领巾小奖章"微笑章"！继续加油，完成下一课的学习吧！

践行社会主义核心价值观，

从"我"做起，从"小"做起，

让我们从小学先锋，长大做先锋，一起行动起来吧！

"友善——从真诚微笑做起"，这一课我们就聊到这，

亲爱的少先队员们，再见！

第二十四课　友　善

从助人为乐做起！

亲爱的少先队员们，大家好，我们又见面啦！我是你们的好朋友"慧行"！欢迎你们学习第二十四课。上一课我们学习了《友善——从真诚微笑做起》，知道了汉字字源中"友"和"善"的含义，明白了友善是指人与人之间的亲近和睦。相信大家已经感受到通过真诚微笑表达友善的魔力了。那么，除了真诚微笑，我们还可以通过什么方式表达友善呢？今天我们一起聊聊友善——从助人为乐做起。

当你完成每个环节的学习任务并且获得"助""人""为""乐"四张字卡时，就能获得本课的红领巾小奖章"助人章"啦！

第一板块：红领巾讲故事

雷锋小故事：出差一千里，好事做了一火车

雷锋出差去安东，去参加沈阳部队工程兵军事体育训练队。他出差一千里，好事做了一火车。

从抚顺一上火车开始，他看到列车员很忙，就动手干了起来。擦地板，擦玻璃，收拾小桌子，给旅客倒水，帮助妇女抱孩子，给老年人找座位，接送背大行李包的旅客。这些事情做完了，他又拿出随身带的报纸，给不认识字的旅客念报，宣传党的政策，一直忙到沈阳。

到沈阳车站换车的时候，他发现检票口吵吵嚷嚷围了一群人，近前一看，原来是一个中年妇女没有车票，硬要上车。人越围越多，把路都堵住了。雷锋上前拉过那位大嫂说："你没有票，怎么硬要上车呢？"那大嫂急得满头大汗地解释说："同志，我不是没车票，我是从山东老家到吉林看我丈夫的，不知啥时候，把车票和钱都丢了。"雷锋听她说的是真情实话，就说："别着急，跟我来。"他领着大嫂到售票处，用自己的津贴费买了一张车票，塞到她手里说："快上车吧，车快开了。"那大嫂说："同志，你叫什么名字，哪个单位的，我好给你把钱寄去。"雷锋笑道："我叫解放军，就住在中国。"说完转身走了。那位大嫂走上车厢还感动得眼泪汪汪地向他招手。

雷锋从安东回来，又在沈阳转车。他背起背包，过地下道时，看见一位白发苍苍的老大娘，拄着棍，背了个大包袱，很吃力地一步步迈着，雷锋走上前去问道："大娘，你到哪去？"

老人上气不接下气地说："俺从关内来，到抚顺去看儿子呀！"雷锋一听跟自己同路，立刻把大包袱接过来，手扶着老人说："走，大娘，我送你到扶顺。"老人高兴地一口一个好孩子地夸他。进了车厢，他给大娘找了座位，自己就站在旁边，掏出刚买来的面包，塞了一个在大娘手里，老大娘往外推着说："孩子，俺不饿，你吃吧！"雷锋笑道："别客气，大娘，吃吧！先垫垫饥。""孩子，孩子"这亲热的称呼，给了雷锋很大的感触，他觉得就像母亲叫着自己小名那样亲切。他在老人身边，和老人唠起了家常。老人说，他儿子是工人，出来好几年了。她是第一次来，还不知道住在什么地方哩。说着，掏出一封信，雷锋接过一看，上面的地址他也不知道，但他知道老人找儿子的急切心情，就说："大娘，你放心，我一定帮助你找到他。"雷锋说到做到，到了抚顺，背起老人的包袱，搀扶着老人，东打听，西打听，找了两个多小时，才找到老人的儿子。

这些事后来被战友们知道了。有人评论说："嘿，雷锋出差一千里，好事做了一火车！"雷锋自己却并没当一回事，因为雷锋关心群众、助人为乐是一贯的。

少先队员活动：红领巾小发现

　　亲爱的少先队员们，听了雷锋的故事，你有什么感受呢？你有没有看到过需要帮助的人或事呢？你是怎么做的呢？赶快把你的故事写在"留言板"上吧！

 第二板块：红领巾有话说

　　少先队员们都有一颗乐于助人的心，但有时候是不是不知道该从哪儿帮起呢？或者担心自己帮倒忙而不敢行动呢？

　　古人云："爱人者，人恒爱之；敬人者，人恒敬之。"

　　只要你的出发点是好的，那就是一种美德呢。

　　少先队员们，既然我们的出发点是好的，那怎么才能帮在点上呢？

　　题目一：当你看到老师手上拿了一摞作业想开门时，你会怎么做？

　　我会_____。

相信大家都会马上过来帮忙开门，并帮老师拿一部分的作业。因为老师没办法腾出手开门，所以我们要主动帮忙。

题目二：当你发现有人溺水时，你该怎么办呢？

我会_____。

相信大家的第一反应都是我该怎么帮忙呢？当我们这样想的时候，就已经证明我们有一颗助人为乐的心。

但是，怎么做才能真正地帮助到溺水的人呢？

直接跳进水里救人？

No！就算你会游泳，稍不留神就会被溺水者拉下水，造成连环溺水的悲剧。

正确做法：第一时间大声呼叫，寻求大人的帮助！同时拨打110报警，等待专业救援人员来救人！

这个事例告诉我们助人为乐要力所能及，超出能力范围的要及时寻求大人帮助。

下水救人是你能力范围外的，所以我们不能贸然救人。

我们能力范围内的是什么呢？

Bingo！帮忙呼救，寻找他人帮助。

题目三：当同桌有道数学题不会时，请教你，你会怎么帮助他？

我会_____。

相信大家都会乐意帮助同桌，但是我们是直接告诉他（她）答案吗？

No！虽然这样很省时省力，但是不利于同桌的进步哦！

我们应该怎么做呢？

正确做法：我们要教会同桌做题的方法，下次再碰到类似的题时，就能自己解答了。

少先队员活动：红领巾小妙招

亲爱的少先队员们，关于如何更好地帮助别人，你还有哪些小妙招呢？欢迎留言补充哦！"慧行"期待看到你的实用小妙招哦！

_____

_____

_____

_____

少先队员们，大家都被他人帮助过，也帮助过他人，你们的心情又有什么变化呢？

当你被他人帮助时，是不是很开心？

当你帮助他人时，是不是很快乐？

"施恩莫念，受恩莫忘。"希望你们帮助他人时不图回报，接受他人帮助时心怀感恩，相信你们一定能做到——心中有爱、行中有善、持之以恒。

第三板块：红领巾在行动

亲爱的少先队员们，大家要心有榜样，学习英雄人物、先进人物、美好事物，从自己做起、从身边做起、从小事做起，从一点一滴做起，从力所能及做起。

少先队员活动：红领巾小先锋

从今天起，我们去发现身边需要帮助的人和事，做个小小志愿者吧！把发现的好人好事记在"留言板"上吧！

_____

_____

_____

♥ 寻找最美志愿者

少先队员们，我们平时要多多留心观察身边那些助人为乐的人。让我们拿起相机，经常拍一拍你身边助人为乐的人，寻找身边的"最美志愿者"吧！

恭喜你完成第二十四课学习任务，获得了"助""人""为""乐"四张字卡，还获得了本课的红领巾小奖章"助人章"！

践行社会主义核心价值观，

从"我"做起，从"小"做起，

让我们从小学先锋，长大做先锋，一起行动起来吧！

"友善——从助人为乐做起"，这一课我们就聊到这，

亲爱的少先队员们，再见！

恭喜你完成了《细说社会主义核心价值观》全部课程的学习，集齐了二十四枚章，获得了社会主义核心价值观"红星章"！

践行社会主义核心价值观，

从"我"做起，从"小"做起，

让我们从小学先锋，长大做先锋，一起行动起来吧！

红领巾心向党——
细说社会主义核心价值观

后 记

　　《细说社会主义核心价值观（少先队版）》一书，从 2020 年 6 月开始筹划至 2021 年 6 月定稿，历时一年，即将出版了。从 1.0 版本的 12 课至 2.0 版本的 24 课，每一稿至少七至八稿以上的反复修改，往事一幕幕历历在目，细节一点点感动在心。

　　在编写本书的过程中，最让我感动的是工作室成员的团队精神。他们当中有"70 后"的德育骨干，也有"95 后"的教坛新秀。每一位团队成员都是牺牲休息时间参与到课程开发当中来，大家抱成一团，有了好点子一起分享，有了困难一同解决，有了困惑一同探讨，大家心往一处想，力往一处使。说实在的，他们的忘我奋战精神令人动容，在这样的文化影响下，每个人不自觉地积极向上、奋斗向前。

　　广东省李晓桃少先队名师工作室成立于 2020 年 10 月 13 日（建队日），本工作室的成员来自全国各地：广东紫金、清远，广西东兰、凤山，山东菏泽，新疆喀什，西藏察隅。我们当中的绝大多数的市外小伙伴未曾谋面，原本部分成员有望在支教中相遇，但后来又遇上新冠肺炎疫情，所以在支教中相见的希望也渺茫了。好在工作室群里，我们每日彼此分享工作动态、互赠励志名言、诉说工作趣事、关心对方生活，让我们即便相隔千山万水，也依然熟悉亲切，团结而有力量。

除了感谢工作室的小伙伴们，还要感谢支持和关心我们的所有人们！

感谢深圳市龙华区委区政府！在上级政府所倡导的"奋斗龙华"的文化氛围下，工作室成员学习不止，奋斗不息。

感谢龙华区教育局王玉玺局长！他所倡导的"积极教育"理念已深入到工作室每个成员的心中，引领我们积极奋斗、潜心育人。

感谢龙华区委教育工委专职副书记、教育纪工委谌叶春书记！他总是激励我要立足本职，示范先行。

感谢年逾八旬的恩师——浙江安吉上墅私立高级中学的余广寿老师！余老师说，凡事重在认真，贵在坚持；认真做好小事，才能成就大事；资料在于积累，经验在于总结。余老师是我成长路上的恩师和榜样，他经常把主编的校刊《学习与交流》在第一时间发给我阅读，他的拳拳话语鞭策着我，他的读书精神感染着我，他那"自强不息，终身学习"的不懈追求激励着我。感谢余老师对本书的细心校对和辛勤付出！

感谢我的导师王延风老师！是他引领我走上专业化的少先队工作道路。

感谢引领我走上学陶之路的启蒙之师——"行知思想传播人"汤翠英老师！她，坚定信仰，坚持不懈，不顾年岁，矢志不渝，把播陶融入生命，播陶四十余年。她的播陶精神和人格力量，激励我把陶行知教育思想融入少先队工作，开创行知教育特色，探索育人新路径。

特别感谢我成长道路上给予我关心和支持的领导和老师：高自民主任、王卫书记、雷卫华区长、谢晓东主任、王薇副秘书长、罗丽娟主任、孟宪璐主任、高红部长、彭程副部长、刘晋楠部长、李述广部长、姜歌部长、冯妍妍处长、赖丹书记、黄思亮主任、段先清副局长、魏新春副局长、李庆副局长、张学斌副局长、罗立群副局长、刘恒润副局长、邱小琴科长、魏书杰科长、李亚莉主任、欧国常科长、杨灵芝科长、曾昉科长、余玲科长、陈旭科长、雷应花科长、林君芬博士、秦碧珍老师、朱立红老师、刘志鹏老师、沈功玲老师、华耀国老师、柯英老师、李沧海老师、张玉勋主任、李群英老师、赵国强老师、邱孝感老师、雷祯孝老师、雷霆老师、王培老师、宋运来老师、朱洪秋老师、段国庆书记、石淳老师、彰晖老师、李庚靖博士、卢艳红博士、刘洪翔博士、张文华博士、杨昌洪校长、满小螺校长、王讲春校长、李渝忠校长、李吉校长、宋鹏君校长、肖德明校长、江坚校长、李楠老师、李志远老师！还有众多未能一一道述的成长路上给予我关心、帮助、支持和呵护的每一位领导、每一位伙伴、每一位老师，还有亲爱的家人们，在此深鞠一躬，真诚道声："感谢有您，铭记在心！"

本书倾注了工作室课程开发团队的汗水和智慧,我们在"共同体"中成长。本书是集体智慧的结晶:本人统筹协调、策划指导、审阅修改,其他成员按主题认领、精心设计、反复打磨。

本书各课的分工是:第一课由莫文天负责撰写,第二课由万文松负责撰写,第三课由甘平平、黄燕如负责撰写,第四课由吴生健负责撰写,第五课由余婕负责撰写,第六课由覃信庆、邓仁昌负责撰写,第七课由刘虹负责撰写,第八课由叶杏花负责撰写,第九课由沈迪娟负责撰写,第十课由姚举旗负责撰写,第十一课由宋巧萍负责撰写,第十二课由韦妮娜负责撰写,第十三课由黄莹莹负责撰写,第十四课由陈俞求负责撰写,第十五课由杨伟倩负责撰写,第十六课由吴术芳负责撰写,第十七课由冯丽好负责撰写,第十八课由韩天月负责撰写,第十九课由陈杨柳负责撰写,第二十课由覃艳负责撰写,第二十一课由赵茂燕负责撰写,第二十二课由李藤、高士帅负责撰写,第二十三课由李晓桃负责撰写,第二十四课由吉芳逸负责撰写,本书所有字卡和小奖章由李明珺老师指导少先队员唐俊婷、郑雅桐、刘畅、朱嘉慧、石圆圆、谭梓帷、田芯语、刘丁仪、陈睿泽、张煜、张世博、关沛雯、张峻琳、练威皓、卢紫萱、马凌悦、郑悦雯、蒲妍雅、黎昀灵、林铠桉、瞿瑜曼、张誉腾、李雨昕、张若溪、罗逸诗、李梓晗、赵晨钰、陈蓦然、关舒涵、丁宁静、陈沛瑶、谢静宇设计完成。

经历了《细说社会主义核心价值观(少先队版)》课程的开发,

我们工作室的成员们变得更加团结、更有力量，更有责任感、更有使命感。任务驱动、情怀使然，让我们走到了一起；深入研究、齐心协力，让我们心贴得更紧；积极联盟、奋斗不息，让我们行得更有力量，我们成为"成长共同体、学习共同体、研究共同体、生命共同体"，以"积极"领航，以"奋斗"扬帆，以"闯"的精神、"创"的劲头、"干"的作风，为党育人，为国育才，积极奋斗，阔步向前，先行示范，砥砺前行，探索具有中国特色社会主义的育人模式，向建党一百周年献礼，共同书写立德树人"春天的故事"！

李晓桃

2021 年 9 月 10 日

责任编辑：杨瑞勇　彭代琪格

封面设计：石笑梦

责任校对：吕　飞

图书在版编目（CIP）数据

细说社会主义核心价值观：少先队版 / 广东省李晓桃少先队名师工作室 编 . —北京：

人民出版社，2021.10

ISBN 978 - 7 - 01 - 023757 - 2

I.①细⋯　Ⅱ.①广⋯　Ⅲ.①社会主义核心价值观 - 中国 - 小学 - 教学参考资料　Ⅳ.① G621.2

中国版本图书馆 CIP 数据核字（2021）第 196087 号

细说社会主义核心价值观：少先队版

XISHUO SHEHUI ZHUYI HEXIN JIAZHIGUAN SHAOXIANDUI BAN

广东省李晓桃少先队名师工作室　编

人 民 出 版 社 出版发行

（100706　北京市东城区隆福寺街 99 号）

北京中科印刷有限公司印刷　新华书店经销

2021 年 10 月第 1 版　2021 年 10 月北京第 1 次印刷

开本：787 毫米 ×1092 毫米 1/16　印张：15.5

字数：159 千字

ISBN 978 - 7 - 01 - 023757 - 2　定价：68.00 元

邮购地址 100706　北京市东城区隆福寺街 99 号

人民东方图书销售中心　电话（010）65250042　65289539